中华武术 大揭秘

王子安◎主编

汕头大学出版社

图书在版编目（CIP）数据

中华武术大揭秘 / 王子安主编. -- 汕头 ： 汕头大学出版社，2012.5（2024.1重印）
ISBN 978-7-5658-0779-4

Ⅰ. ①中… Ⅱ. ①王… Ⅲ. ①武术－中国－青年读物②武术－中国－少年读物 Ⅳ. ①G852-49

中国版本图书馆CIP数据核字(2012)第096763号

中华武术大揭秘

主　　编：王子安
责任编辑：胡开祥
责任技编：黄东生
封面设计：君阅天下
出版发行：汕头大学出版社
　　　　　广东省汕头市汕头大学内　　邮编：515063
电　　话：0754-82904613
印　　刷：三河市嵩川印刷有限公司
开　　本：710 mm×1000 mm　1/16
印　　张：16
字　　数：90千字
版　　次：2012年5月第1版
印　　次：2024年1月第2次印刷
定　　价：69.00元
ISBN 978-7-5658-0779-4

前　　言

　　浩瀚的宇宙,神秘的地球,以及那些目前为止人类尚不足以弄明白的事物总是像磁铁般地吸引着有着强烈好奇心的人们。无论是年少的还是年长的,人们总是去不断的学习,为的是能更好地了解与我们生活息息相关的各种事物。身为二十一世纪新一代的青年,我们有责任也更有义务去学习、了解、研究我们所处的环境,这对青少年读者的学习和生活都有着很大的益处。这不仅可以丰富青少年读者的知识结构,而且还可以拓宽青少年读者的眼界。

　　武术是中国的国术,是中国古老的国家文化大体系中的一分子。自古以来,中国即有着尚武的精神传统,崇尚一种练武习武的社会风气。中华人民共和国成立,武术被作为优秀民族遗产加以继承、整理和提高,成立了各级武术协会,国家设有专门机构负责开展武术运动,将武术列为正式比赛项目。本文介绍的即是跟武术相关的知识,共分为四章。第一章概述了武术的起源、发展历史、功能以及几大武术流派;第二至四章则分别介绍了武当、少林、峨眉、华山、昆仑等几大门派的起源、创始人发展历史、主要武功及兵器等内容。读了此书,相信青少年学生一定能增长对中华武术的了解,并从中领悟到武术勇敢无畏、坚韧不屈的品质。

　　综上所述,《中华武术大揭秘》一书记载了中华武术知识中最精彩的部分,从实际出发,根据读者的阅读要求与阅读口味,为读者呈现最有可读性兼趣味性的内容,让读者更加方便地了解历史万物,从而扩大青少年读者的知识容量，提高青少年的知识层面，丰富读者的知识结构，引发读者对万物产生新思想、新概念，从而对世界万物有更加深入的认识。

此外，本书为了迎合广大青少年读者的阅读兴趣，还配有相应的图文解说与介绍，再加上简约、独具一格的版式设计，以及多元素色彩的内容编排，使本书的内容更加生动化、更有吸引力，使本来生趣盎然的知识内容变得更加新鲜亮丽，从而提高了读者在阅读时的感官效果，使读者零距离感受世界万物的深奥、亲身触摸社会历史的奥秘。在阅读本书的同时，青少年读者还可以轻松享受书中内容带来的愉悦，提升读者对万物的审美感，使读者更加热爱自然万物。

尽管本书在制作过程中力求精益求精，但是由于编者水平与时间的有限、仓促，使得本书难免会存在一些不足之处，敬请广大青少年读者予以见谅，并给予批评。希望本书能够成为广大青少年读者成长的良师益友，并使青少年读者的思想得到一定程度上的升华。

2012年7月

目 录
contents

第四章　武术江湖

第一章

中华武术

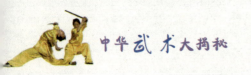
　　中国是个拥有华夏五千年历史的国家，在我国有很多文化从古流传至今，并且经久不衰。中国功夫是我国很古老的文化技艺的一种，中国功夫的名气享誉国内外，许多外国武术爱好者非常喜欢中国功夫。

　　中国武术不仅是我国传统文化的重要一环，而且是我国民族体育的主要内容之一。武术是千年来我国人民用以锻炼身体和自卫的一种方法，并且流传沿袭到现在。在我国，两广人民将武术称为功夫，民国初期简称为国术（后为中央国术馆正式采用之名称）；被视为中国文化之精粹，故又称国粹。由于历史发展和地域分布关系，衍生出不同门派。中国武术主要内容包括搏击技巧、格斗手法、攻防策略和武器使用等技术，当中又分为理论和实践两个范畴。从实践中带来了有关体育、健身和中国武术独有之气功、养生等重要功能。理论中带来了不少前人之经验。武术运动形式有套路和对抗等，因此，它体现出中华民族对攻防技击及策略上的理解。套路运动有拳术、刀、枪、剑、棍等。练习套路时展现出身体动作之优美姿态。中国武术不仅可以锻炼人的意志，强健身体，还可以陶冶人的思想感情，因此，中国武术往往带有思想冶炼的文化特征及人文哲学特色和意义。学习武术对提升中国的大众文化水平是十分重要的，并且具有十分深远的影响。

武术的起源

中国武术源远流长，是广大劳动人民在长期的生产劳动、与大自然的搏斗和冷兵器时代的战争中逐步形成与发展起来的一种体育项目，具有健身、护体、防敌、制胜的作用。它历史悠久，内容丰富，形式多样，兼有竞技和健身价值，深受不同文化背景人们的喜爱。本

原始人与野兽搏斗的画面

节将介绍中国武术的起源。

武术是中华民族在长期的历史演进过程中不断创造、逐渐形成的一个运动项目。

中国武术的起源可以追溯到原始社会。当时的人类用棍棒等工具与野兽搏斗，逐渐积累了一些攻防经验。而商代产生田猎更被视为武术训练的重要手段。

在原始社会时期，兽多人少，在这样的自然生存环境里，在"物竞天择，适者生存"的严酷斗争中，人们自然产生了拳打脚踢、指抓掌击、跳跃翻滚一类的初级攻防手段。后来又逐渐学会了制造和使用石制或木制的工具作为武器，并且徒手的和使用器械的搏斗捕杀技能诞生了，于是，武术也就开始在这个时候萌芽了。

现有的考古发现告诉我们：在旧石器时代，已出现了尖状石器、石球、石手斧、骨角加工的矛，而到了新石器时代末期，则出现了大量的石斧、石铲、石刀和骨制的鱼叉、箭镞，甚至还有铜钺、铜斧等。这些原始生产工具和武器，后来大部分成了武术器械的前身。

在原始社会末期，部落战争的连绵不断，进一步促进了武术的发展。在部落战争中，远则使用弓箭、投掷器，近则使用棍棒、刀斧、长予，凡是能用于捕斗搏击的任何生产工具都成为战斗的武器。据史籍记载中，描述了一次原始的盛大武术演练：大禹时期三苗部族多次反叛，征伐多次未能使之降服。后来，禹停止进攻，让士兵持斧和盾进行操练，请三苗部族的人观看这种"千戚舞"，以显示其武力雄厚，观看之后，三苗部族从此臣服。这种古代的"武舞"就后来为武术套路的形成奠定了坚实的基础。

随着社会的进一步发展，战争

箭　镞

向人们提出了新的防御及进攻技能要求。于是，人们不断地总结从实践中获得的各种经验，并代代相传。

传说炎黄时代，东方有个以野牛为族徽的蚩尤部落，其崇尚武技，勇猛善斗，特别善于徒搏角抵（摔跌）。他们头戴牛角或剑戟样的装束，当与人交斗时，除用拳打、脚踢外，最善抓扭对方，用头顶触对方，使之不敢与其接近，后人称其为"蚩尤戏"。蚩尤的角抵是一种徒手搏斗，包含踢、打、摔、抵、拿等多种方法，既可用于

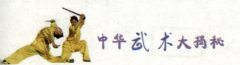

战场，又可用于平时演练，对后世对抗性项目的发展有一定影响。

夏朝建立，由于连绵不断的战火，武术为了适应实战需要进一步向实用化、规范化发展。

蚩尤戏剪纸

武术的发展历史

进入阶级社会，随着生产力的发展、兵器的改进，武术也进入了一个新的发展阶段。

夏朝，武术为了适应实战需要进一步向实用化、规范化发展，夏朝时期的武术活动主要在以下两个方面发展：一是军队的武术活动，二是以武术为主的学校教育。

商周时期，由于青铜业的发展，出现了矛、戈、戟、斧、钺、刀、剑等精良兵器以及运用这些器械的方法，如劈、扎、刺、砍等技术，利用"武舞"来训练士兵，鼓舞士气。此外，还有了较量武艺高

低的比赛，周代设"序"等学校中也把射御，习舞干列为教育内容之一。当时的武技多称"手搏""手格""股肱"等。据《史记》记载，夏王桀、殷王武乙和纣王都是徒手生擒猛兽的技术能手。

春秋战国时期，诸侯纷争，七强图霸，战争十分频繁。各诸侯国都很重视格斗技术在战场中的运用。武术的格斗技能在军队和民间都得到重视并且迅速发展。这时铁器的出现和步骑兵的兴起，使武器的内容更加丰富，不仅质量精良，长短形态多样，武术的技击性进一

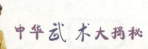

戟

步突出，同时武术的健身作用也受到重视。这时比试武艺已非常普遍，并很讲究攻防技巧，拳术打法也出现了进攻、防守、反攻、佯攻等。在这时期，剑的制造及剑道都得到了空前的发展。

先秦时期，各国诸侯都非常重视培养和训练将士们的搏击技术，剑术得到发展。当时诸侯各国"以兵战为务"，对拳技、臂力、筋骨强壮出众者都很重视。齐国宰相管仲，为使齐国强盛，实行兵制改革，责令官兵进行实战性武技训练，凡是民间有拳勇而不报告者按隐匿人才问罪。每年春秋两季，齐国都举行全国性的"角试"，选拔武艺高强的豪杰充实到军队中去。因而齐军举兵如飞鸟，动兵如闪电，发兵如风雨，前无人敢阻，后无人敢伤，独出独入，如入无人之境。赵国人荀况（又称荀子）目睹齐人崇尚武技的情况，回国后与赵王谈起齐国强盛的原因时说："齐人隆技击。"

剑在当时的吴越十分兴盛。古代有一位著名女击剑家就出在越国，时称"越女"。她不但剑技出众，而且有一套技击理论。据《吴越春秋》记载："凡手战之道，内实精神，外示安仪，见之似好妇，夺之似猛虎。布形候气，与神俱往，……一人当百，百人当万。"

齐国宰相管仲塑像

早在2000多年前，我国就已有较为成熟的技击理论记载，并提出内外合一、形神兼备的见解。

秦汉时期，盛行角力、击剑，有宴乐兴舞的习俗。随着"宴乐兴舞"的习俗，手持器械的舞练时常在乐饮酒酣时出现，如《史记·项羽事纪》记载的"鸿门宴"中"项庄舞剑，意在沛公"，便是这一形式的体现。此外，还有"刀舞""力舞"等，虽具娱乐性，但从技术上更近于今天套路形式的运动。

汉代，带有搏击性质的"角抵"已有广泛基础，还发明了铁兵器，出现了编排起来的攻防连续套路。汉代是武术大发展的时期，在宫廷的酒宴中常出现剑舞、刀舞、双戟舞等单人的、对练的或集体舞练的套路运动。徒手的拳术表演和比赛也深受统治者重视。东汉史学家班固在《汉书》中记载汉哀帝就

是一个"卞戏"迷，说他"雅性不好声色，时览卞射武戏"。汉代还通过"试弁"（拳技的考试）选拔武职人员。后汉名将甘延寿就是通过"试弁"，被选用为"期门"军职的。

汉代拳术除了"防身杀敌""以立攻守之胜"的实用之术外，还出现了观赏性和健身性的象形舞，如"沐猴舞""狗斗舞""醉舞"，据传华佗首创"五禽戏"，是中国武术的滥觞，还有"六禽戏"等，这些均可视为早期的象形拳术。这一时期的武术著述也明显增多。仅《汉书·艺文志》就收录《剑道》38篇，《手博》6篇，这都是论述"攻守之道"的专著。汉代各种枪法开始出现，枪的应用达到颠峰。

到了晋代，练武活动已有"口诀要术"，武术初见雏形。

隋唐时期，由于封建社会经济

华佗画像

的发展繁荣，与两晋南北朝时期的停滞状态相比，武术可以说又重新崛起。唐朝推行"武举制"，以考试的办法选拔武艺出众人才，这从政策上又促进了民间和官方的练武活动。在隋末就以武功闻名于世的少林寺，在唐武德年间（618—626年），因助李世民铲平隋末割据势力王世充有功，少林寺更加声名大震，官府许其自立营盘、演练僧兵。僧徒一度达2000余人，练武之风日盛。传说少林寺稠禅师"拳捷骁武"，能"引重千钧，横塌壁行"。唐朝开国皇帝李渊的四子李元吉骁勇善战，是率军独挡一面的将军，而李渊的次子李世民

"结纳山东豪杰"，在秦王府蓄养"勇士"800余人，其中有大家熟知的《隋唐演义》中的历史人物——尉迟恭、程咬金、秦琼，他们都是武艺超群的骁将。尉迟恭能空手夺枪，临阵作战时，常单枪匹马冲入敌阵，虽然刀枪如林，终不能伤他，反会被他夺枪刺杀，出入重围，如入无人之境。有一次李元吉要与他比试"空手夺枪"，元吉执枪跃马拼杀，尉迟恭左避右闪，不一会儿将元吉手中的抢夺走三次。可以看出当时尉迟恭的武艺已是十分高超了。

唐代是中国武术的兴盛时期，唐武则天开武举，不少武术人才脱颖而出，天下闻名的少林武术的最

尉迟恭塑像

早记载也起于唐朝初年。唐朝以来开始实行武举制，对武术的发展起了促进作用，当时在军旅之中，剑已逐渐被刀替代，但民间仍很盛行，不仅武人练，文人也以佩剑、

舞剑为荣。诗人李白、杜甫青年时皆学过剑术。将军斐旻的剑术、李白的诗，张旭的草书被誉为唐代的"三绝"。有人赞美斐旻的剑是"剑舞若游龙，随风萦且回"，画家吴道子请求斐旻舞剑，以激发其创作豪情。更可叹为观止的是杜甫笔下的公孙大娘舞剑："昔有佳人公孙氏，一舞剑器动四方，观者如山色沮丧，天地为之久低　昂。曜如羿射九日落，矫如群帝骖龙翔；来如雷霆收震怒，罢如江海凝清光。"这些都说明当时剑术套路已有相当高的水平。可见，武术作为一种文代形式在当时已相当具有影响力。

宋代，中国武术走向成熟。健身练武已成为志士仁人生活的重要内容。而且，在民间还组成了研习武艺的组织——"社"，开始出现武术的一些流派。两宋时期，内忧外患，战火频仍，广大人民常结社习武以求自保。如"角抵社""英略社""弓箭社"都是比较大的民间习武组织。此时武技在农村及边远地区多侧重军事实用性；而在城市的街头巷尾多侧重套路，把武术做为表演内容，统称"百戏"，表演的武艺有角抵、使拳、踢腿、使棒、弄棍、舞刀枪、舞剑以及打弹、射弩等，对练的叫"打套子"，有"枪对牌""剑刀牌"等。"十人般武艺"一词也出现于宋代的典籍之中。据宋华岳《翠微北征录》载："臣闻军器三十有六而弓为称首，武艺一十有八而弓为第一。"此文原意强调弓箭在征战中的重要性，但已反映当时的兵器远不上18种。宋代武术的发展情况我们可以从几部古代小说中窥见一斑，如《说岳全传》《杨家将》《水浒传》等，都描写了众多武艺高强、功夫独到的男将女杰。

中国武术自唐宋后，就逐渐传

向国外。日本、朝鲜及东南亚国家习武者不少，形成一些武术门派。在欧美国家，中国武术的影响也非常深远，被称为"功夫"。很多西方人认识中国文化首先是从了解中国武术开始的。中国武术是中国人民对世界文化的重要贡献。

宋元时期，以民间结社的武艺组织为主体的民间练武活动蓬勃兴起，有习枪弄棒的"英略社"，习射练习的"弓箭社"等。由于商业经济活跃，出现了浪迹江湖，习武买艺为生的"路歧人"，不仅有单练、而且有对练。

元代由于民族矛盾比较尖锐，蒙古统治者限制民间习武，不少武术家隐姓埋名，习武组织也转为秘密性的民间组织，使武术发展受到极大的抑制。在这个时期还出现了某些以传授武艺为主要内容的武馆。

明代是我国武术全面大发展的时代。不同风格、不同流派的拳派林立，仅抗倭名将戚继光的《纪效新书》中就记载"宋太祖三十二势长拳，绵张短打，温家七十二行拳，三十六合锁，山东李半天之腿，鹰爪王之拿，千跌张之跌，张伯敬之打……共十六家拳法。"这个时期是武术大发展时期，拳种纷显。拳术有长拳、猴拳、少林拳、内家拳等几十家之多；同时形成了太极拳，形意拳，八卦拳等主要的拳种体系。形成百家争鸣之势，而且拳名皆以擅长者姓氏命名。明代武术的大发展与明太祖先元璋重视文武全才的思想分不开。他主张"武官习礼仪，文人学骑射"。这样，明代不但拳法众多，而且器械套路也更加丰富多彩，开始有势有法，有拳谱歌诀。这说明脱胎于军事格斗技术的武术，到明代已逐步形成以套路为主的运动形式，并远远超过对抗性运动的发

抗倭名将戚继光

展。在这个时期民间习武更为广泛，门派林立，出现了数百种武术套路，武术流派趋于定型。

以往的武术技巧多靠口传身授，以文献形式保留者甚少。由于明代的文武全才之盛，使武术家著书立说达到鼎盛，而且图文并茂，保留了珍贵的武学遗产，为后世研究武术提供了重要依据。据统计，除戚继光的《纪效新书》外，重要的专著还有唐顺之的《武编》、俞大猷的《正气堂集》、郑若曾的《江南经略》、程宗猷的《耕余剩技》、何良臣的《阵记》、茅元仪的《武备志》、吴朵的《手臂录》等。

清朝统治时期由于满清贵族为维持自己的统治地位，一度限制练武，所以清代的武术活动不如明代。但由于武术在民间已有广泛群

众基础，加之当时存在许多反清复明组织，人民群众习武练功以图推翻满清统治之风反而使各种流派的武术更加纷呈于世。以地区分有南派、北派，以山川分有少林派、武当派，以宗教分有佛家的外功、道家的内功，以门类分有太极门、形意门、八卦门、迷踪门，还有长拳类和短打类。武术流派林立，象征着武术事业的兴旺发达。但也存在各派之间缺乏交流不能相互弥补其短处的不足。

武术之所以能繁衍至今且日益发展，是由于它具有健身防身的双重作用，武术在平时能满足民众强健体魄、陶冶性情的需要，遇到压迫或强暴则成为御强抗暴，抵抗外侮的手段。因此，在我国漫长的封建社会中，备受欺凌和迫害的庶民百姓对武术有着深厚的感情，因面促进传播与发展，并使我国的武术形成了独特的民族风格。

民国时期，由于社会的发展，火器的普遍使用，武术的健身作用更为明确，武术更主要是以体育运动的形式出现在社会生活之中。

新中国成立后，党和政府关心人民健康，重视优秀民族文化遗产的继承和发展。国家不仅定期举行武术汇报表演，还在高等师范院校及体育学院开设武术专业，并组织专业人员在继承传统拳术的基础上，广收众家之长，整理出简化太极拳、中组长拳、初级长拳以及器械套路。为了弘扬民族文化，发展体育运动，全国各地还建立了武术协会，吸引武术爱好者前去习武健身，国家还设有专门机构负责开展武术运动，将武术列为正式比赛项目。这些措施极大地推动了武术的普及和研究工作，使武术运动得到长足发展，不论城乡，群众性的武术运动都得到了广泛推广。特别是近几年来，武术套路在技术风格上、结构布局上、质量和难度上，都有很大的提高和突破，还出现了集体比赛的项目，这是武术发展史上的新成果。

随着我国对外开放的扩大，武术也不断走出国门，一展风采，对发展同各国人民的友谊、促进文化交流做出了贡献。

我国武术最早是传到日本和东南亚一带。据记载，明代拳师陈元赟东渡日本，传授少林拳法，奠定了日本"柔道"的基础。至于日本的空手道、合气道，朝鲜的跆拳道，泰国的逼逻拳，菲律宾的棍术都不同程度地受到中国武术的影响。

中国作为武术的发源地，近几年曾派人先后到五大洲60多个国家进行武术表演和交流，不仅宣传了我国的民族文化遗产同时也增进了国际友谊。目前，中国武术已风靡了欧美及其他地区。美国已成立

了"全美中国武术协会"，芝加哥、纽约、旧金山等城市还成立了"少林功夫学校"。在国际上，武术热正方兴未艾。"功夫""少林""太极""武术"的汉语拼音——"Gong Fu""ShaoLin""TaiJi""WuShu"已成为英语中的常用词。

武术适应时代的变化，逐步成为中国近代体育的有机组成部分。民国时期，民间出现了许多拳社、武士会等武术组织。1927年在南京成立了中央国术馆。1936年中国武术队赴柏林奥运会参加表演。

中华人民共和国成立后，武术得到了蓬勃发展。1956年中国武术协会建立了武术协会、武术队等形成了空前广泛的群众性武术活动网，为武术的发展开拓了广阔的道路。1985年，在西安举行了首届国际武术邀请赛，并成立了国际武术联合会筹委会，这是武术发展中历史性的突破。1987年，在横滨举行

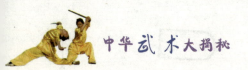

了第一届亚洲武术锦标赛，这标志着武术走进亚运会。1990年武术首次被列入第十一届"亚运会"竞赛项目。1999年，国际武联被吸收为国际奥委会的正式国际体育单项联合成员，这是武术发展中的又一历史性突破，意味着在不久的将来武术即将成为奥运项目，意味着"把武术推向世界"的雄伟目标的进一步实现！

中国武术所具有的健身、技击、艺术欣赏等作用兼备的独特功能越来越吸引了国外的武术爱好者。论打斗技击，在国外不乏拳击、空手道等技艺，但这些过于野蛮，缺乏美感，比起内涵丰富的中国功夫来，相去甚远。

源远流长的中国武术在它的发展演进的过程中，始终充满着人民的智慧。长期的社会实践，使它形成了独特的民族风格和特点，蕴含着深邃的哲学思想和道德观念，武术作为国术、文化瑰宝，不但深受我国人民喜爱，而且也受到国际友人的青睐，成为传播友谊、增进健康的使者。

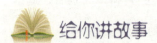
给你讲故事

鸿门宴的故事

秦末，刘邦与项羽各自攻打秦朝的部队，刘邦兵力虽不及项羽，但刘邦先破咸阳，项羽勃然大怒，派英布击函谷关，项羽入咸阳后，到达戏西，而刘邦则在霸上驻军。刘邦的左司马曹无伤派人在项羽面前说刘邦打算在关中称王，项羽听后更加愤怒，下令次日一早让兵士饱餐一顿，击败

鸿门宴绘图

刘邦的军队。一场恶战在即。刘邦从项羽的叔父项伯口中得知此事后，惊讶无比，刘邦两手恭恭敬敬地给项伯捧上一杯酒，祝项伯身体健康长寿，并约为亲家，刘邦的感情拉拢，说服了项伯，项伯答应为之在项羽面前说情，并让刘邦次日前来谢项羽。

鸿门宴上，虽不乏美酒佳肴，但却暗藏杀机，项羽的亚父范增，一直主张杀掉刘邦，在酒宴上，一再示意项羽发令，但项羽却犹豫不决，默然不应。范增召项庄舞剑为酒宴助兴，趁机杀掉刘邦，项伯为保护刘邦，也拔剑起舞，掩护了刘邦，在危急关头，刘邦部下樊哙带剑拥盾闯入军门，怒目直视项羽，项羽见此人气度不凡，只好问来者为何人，当得知为刘邦的参乘时，即命赐酒，樊哙立而饮之，项羽命赐猪腿后，又问能再饮酒吗，樊哙说，臣死且不避，一杯酒还有什么值得推辞的。樊哙还乘机说了一通刘邦的好话，项羽无言以对，刘邦乘机一走了之。刘邦部下张良入门为刘邦推脱，说刘邦不胜饮酒，无法前来道别，现向大王献上白璧一双，并向大将军范增献上玉斗一双。不知深浅的项羽收下了白璧，气得范增拔剑将玉斗撞碎。

后人将鸿门宴喻指暗藏杀机的宴会。

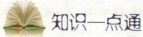

五禽戏简介

　　五禽戏是一种中国传统健身方法，由五种模仿动物的动作组成。五禽戏又称"五禽操""五禽气功""百步汗戏"等。据说由东汉医学家华佗创制。五禽戏是中国民间广为流传的、也是流传时间最长的健身方法之一，其健身效果被历代养生家称赞，据传华佗的徒弟吴普因长年习练此法而达到百岁高龄。

　　据说五禽戏是汉代名医华佗发明的，但也有人认为华佗是五禽戏的整理改编者，在汉代以前已经有许多类似的健身法。最早记载了"五禽戏"名目的是南北朝陶弘景的《养性延命录》。

　　还有人认为相传是由东汉名医华佗模仿虎、鹿、熊、猿、鹤5种动物的动作创编的一套防病、治病、延年益寿的医疗气功。它是一种外动内静、动中求静、动静兼备、有刚有柔、刚柔并济、练内练外、内外兼练的仿生功法。

　　五禽戏，分别是虎戏、鹿戏、熊戏、猿戏和鸟戏，每种动作都是模仿

陶弘景画像

了相应的动物动作。传统的五禽戏，又称华佗五禽之戏，五戏共有动作54个；由中国体委新编的简化五禽戏，每戏分两个动作，分别为：虎举、虎扑；鹿抵、鹿奔；熊运、熊晃；猿提、猿摘；鸟伸、鸟飞。每种动作都是左右对称地各做一次，并配合气息调理。

　　虎戏：自然站式，俯身，两手按地，用力使身躯前耸并配合吸气，当前耸至极后稍停；然后，身躯后缩并呼气；如此3次。继而两手先左后右问前挪移，同时两脚向后退移，以极力拉伸腰身；按着抬头面朝天，再低

五禽戏

头向前平视；最后，如虎行走般以四肢前爬7步，后退7步。

鹿戏：按上四肢着地势。吸气，头颈向左转，双目向左侧后视，当左转至极后梢停；呼气，头颈回转，当转至面朝地时再吸气，并继续向右转，一如前法。如此左转3次，右转2次，最后回复如起势。然后，抬左腿向后挺伸，稍停后放下左腿，抬右腿如法挺伸。如此左腿后伸3次，右腿2次。

熊戏：仰卧式，两腿屈膝拱起，两脚离床席，两手抱膝下，头颈用力向上，使肩背离开床席；略停，先以左肩侧滚洛床面，当左肩一触及床席立即复头颈用力向上，肩离床席；略停后再以右肩侧滚落，复起。如此左右交替各7次。然后起身，两脚着床度成蹲式，两手分按同侧脚旁；接着如熊行走般，抬左脚和右手掌离床度；当左脚、右手掌回落后即抬起右脚和左手掌。如此左右交替，身驱亦随之左右摆动，片刻而止。

猿戏：择一牢固横竿（如单杠，门框，树叉等），略高于自身，站立手指可触及高度，如猿攀物般以双手抓握横竿，使两肢悬空，作引体向上7次。接着先以左脚背勾住横竿，放下两手，头身随之向下倒悬；略停后换右脚如法勾竿倒县。如此左右交替各7次。

鸟戏：自然站式。吸气时跷起左腿，两臂侧平举，扬起眉毛，鼓足气力，如鸟展翅欲飞状；呼气时，左腿回落地面，两臂回落腿侧。接着，跷右腿如法操作。如此左右交替各7次。然后坐下。屈右腿，两手抱膝下，拉腿膝近胸；稍停后两手换抱左膝下如法操作。如此左右交替亦7次。最后，两臂如鸟理翅般伸缩各7次。

1982年6月28日，中国卫生部、教育部和当时的国家体委发出通知，把五禽戏等中国传统健身法作为在医学类大学中推广的"保健体育课"的

内容之一。2003年中国国家体育总局把重新编排后的五禽戏等健身法作为"健身气功"的内容向全国推广。

武术的多样功能

中国武术博大精深、源远流长，随着社会的进步，政治、经济的发展，武术的功能也发生了巨大的变化。本文主要通过文献资料法和专家访谈法，从七个方面进行探讨，揭示出当代中国武术价值功能。

◆ 健身、养生价值功能

武术有我国传统医学、养生学和仿生学的诸多精华，注重"内外兼修"，强调意识与肢体动作的高度和谐统一，是最受人欢迎的健身项目。随着科技的发展，武术军事功能削弱，人们习武多出于养生健身，达到延年益寿的作用。武术中内功心法是古代的养生功法，因此，武术成为广大人民群众喜闻乐见的健身项目之一，至今长盛不衰，公园里早上全是练太极拳、木兰拳和气功等的人们。

早在古代，人们就已发现武术的健身价值。兵士们操练武术既能提高战斗技能，又能增强自身的身体素质。为此，古代著名军事家孙子云："搏刺强士体。"由于古代战事频繁，参战人数众多，士兵体质的强弱往往就是军旅战斗力强弱的主要因素。没有强健的体魄，便不能掌握精炼的战斗技能，没有战

斗技能则难于战胜对手。故而交战各方均十分注重增强士兵的体魄。一方面严格训练士兵，以锻炼体魄、胆识等；另一方面在招募士兵时就注意选拔"有拳勇股肱之力，筋骨秀出于众者"。由此可见，历代军队和民间以武健身之风十分盛行。此外，为了适应不同年龄、不同体质人等的健身需要，武师先人还创编了诸如"百兽舞""五禽戏""八段锦"等武戏及诸多具有较高养生价值的拳种，如太极拳、形意拳、八卦掌等，使武术与军体健身相映同辉，发挥了医疗、健身、养生的综合效能，成为体育健身与格斗技能紧密结合、体用并重的典范。

作为健身项目，武术有异于其他体育项目的根本点在于：武术注重"内外兼修""神形共养"的

八段锦招式之一

"修炼观"，强调意识与肢体动作的高度统一，即"心身合一"。所谓"内外兼修"的"内"系指人体内的脏器与人的心性、精神与意识。"外"系指人的体形体态。内外兼修就是在健身的实践中，重视精神意识、脏腑器官和体形体态的同步修炼，不偏废任何一方。所谓"神形共养"就是不仅注重形体的

练养，还注意精神的调摄，强调意识对形体的主使作用，以达到形体健康、精力旺盛、身体与心理（精神）平衡发展。通过这种"内外兼修、神形共养"的锻炼方法，一方面能使作为生命载体的身体状态得到质的提高，另一方面又能在精神的感受中获得全新的内在体验。其他健身运动均是以肢体活动作为最先发动，尔后在活动中和活动后获得形体的锻炼和心理的欢悦。武术健身则是以意识的调摄为先导，最早从心性、意、气开始，首先获得心理的调节，自"内"向"外"地推延发动，然后使形体得以充分运动，以此达到身心"中和"的炼养。武术健身最终不仅仅是获得一种锻炼与欢悦，而且能获得生命的内在自由与生机，使之日臻完善和完整，以至益寿延年，高度表现了人体生命与运动的同构形式。

当今，大量的科学实践证明了武术的健身与养生的作用。武术中的"以意导动""以意运气""以气运身"的法则对人的神经系统的煅炼亦极为有益。以武练身整个活动中的"意存丹田，意布五梢"循环往复的念动训练使中枢神经兴奋性增高，应变能力加强。同时，通过活动使人的气血充沛、活跃，使分布在脑的毛细血管大量开放，增强脑部血液循环，从而加强脑细胞的供能条件，改善大脑功能，增进中枢神经系统的灵活性与稳定性。

武术讲求"内练一口气"，这"气"虽有多义指向，但并不否认呼吸在武术运动中的重要作用。武术运动的呼吸与自然呼吸相比，更强调"深、长、细、缓、匀、柔"，其腹式呼吸由于保持了腹实胸宽的状态，使胸腔宽松，为肺活动创造了良好的条件，有利于氧气和血液的畅通运转。

武术运动在提高骨骼肌工作能

力的同时，也对骨骼的结构产生了一定的影响。在对老年人骨骼研究中发现，武术中一些绵缓型拳种对延缓骨质疏松及脊椎压缩性变形均有较好的效果。武术运动对于机体生理、生化方面的影响是全面的。长期从事武术锻炼，能提高人体的速度、灵敏、协调、柔韧、耐力、弹跳等综合体能素质；增强内脏器官的运行功能，促进身体的全面发展，增强体质；提高人体的适应性和免疫机能，延缓人的自然老化。

◆ 教育价值功能

武术教育历来重视"武德"，以"尚武崇德"作为武术教育的重要部分。武术教育可以培养见义勇为，尊师重教的良好风气。其次武术教育可提高人的综合素质，改造人生观和道德观，养成习武者与人为善，纯厚处世，宽容万物的气度。武术教育价值还体现在培养爱国主义精神，在世界武术比赛中，中国武术健儿夺金摘银，中国武术散打对抗拳击、空手道、泰拳等国外搏击中，大获胜利，极大鼓舞了中国人们的爱国情操，为做一个堂堂正正的中国人而自豪。

武术文化是我们中华民族历史优秀文化遗产，蕴含着深厚的东方文化内涵，它是一代代武术人，在前人的基础上不断发现、总结、创造而积累起来的，它的发展并不是一成不变的，而是一个不断变化发展的过程，这个持续发展的过程不仅体现了我国民族传统文化的民族性，又在一定的基础上反映出它的时代性，体现了传统文化的一个主要特点。

武术文化的教育特征是武术文化的主要特征之一，它从各个方面影响了人们的下一代，这也是体育教学的主要特征；武术的娱乐性主要表现在两个方面：一是在练习的过程中获得的愉悦感，另外一方面就是人们在观赏武术表演时获得美的享受；武术文化具有深刻的哲理思想，具有修心养性的功效。

武术在体育教学中的积极意义：

（1）武术文化可以促进素质教育的发展

武术在其整个形成和发展的过程中深受儒家、道家、佛家思想的影响，而且另外还受到中国传统文化影响，使其蕴涵了丰富的内涵和深邃的哲理，从而形成了武术文化。武术文化正是在传统道德观和民族精神的滋润和培育下，带有鲜明的仁学色彩，成为我们这个仁义之国，礼仪之邦的民族特征。在学校体育课中开设武术课程，教师在传授武术基本技击技术的同时应给学生讲解其文化内涵，使学生在学习武术技击技术的同时接受优秀传统文化熏陶，"艺无德而不

立""未曾学艺先学礼，未曾习武先修德"，这种谦和、尊师、忍让的态度有利于培养学生良好的道德情操。"冬练三九，夏练三伏"可以培养学生不怕吃苦、勇敢顽强的精神作风及意志品质。另外通过无数中外的武林中人重义轻利、舍己为人、行侠仗义、保家卫国的故事以激发学生的爱国情操、振奋民族精神。总之，通过提升学生的人文精神，使其由一个自然的人成为社会的人、有用的人。不仅为他们的学习奠定了理论文化知识基础，而且使其拥有了健全的人格，从而推动素质教育的发展。

（2）武术文化可以促进体育教学愉快的进行

在武术教学中教师可以创设情境，利用情景教学法，把一些表现武术优良传统文化的一些情景在课堂上，用言语等方法把学生引导到某个情景之中，使学生在情景中学

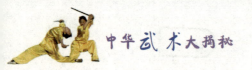

习武术技击动作的同时还可以学习武术传统文化，另外，武术教学的过程就是一种美，它在教学中表现出的技击技术、动作套路、价值取向、修身养性等方面，可以说都是美的表现，同学们在欣赏美的教学环境中心情自然会愉悦，这样可以避免武术课枯燥而造成的"学生喜欢武术但不愿意练习武术"的情况，从而促进武术教学愉快地进行。

（3）武术文化对学生全面发展的作用

在现代社会中，诸种物欲横流、追名逐利、冷漠自保的人际关系完全背离了我们民族的优秀传统，因此，在中学体育教学中加强武术文化教育，对我们推动素质教育的发展、促进学生健康竞争意识的形成、树立正确的人生观和价值观，培养良好的意志品质，建立和谐的人际关系等都具有重要的现实意义。

（4）武术文化与学生良好性格的塑造

武术文化精神历来被学生所崇拜，正是由于习武之人重义轻利、舍己为人，一诺千金的高尚品格，才成为后世许多卓越人物追求的人生崇高境界和遵循的道德典范，无数革命先烈赴汤蹈火，舍生取义，这不正是与武术文化所崇尚的侠义精神一脉相承吗？这些侠者精神的事例影响着学生良好性格的形成。青少年正处于生长发育的关键时期，他们的思想和意识还很不完善，心智还没有发育完全，正确的教育和引导有助于学生世界观的形成和发展。学生的性格形成的影响因素有很多，生活环境、实践活动、自我教育等等。武术教学活动和交往中，学生获得的关于态度的信息和知识，受团体的期望和规定的影响并按照事物与自己需要之间的关系，逐步形成对事物的态度和相应的行为方式。例如在体育教学中教师可以利用武术文化教学组织一些有趣并具有针对性的活动，培养学生关心同学、热爱集体事业、责任心、自制力、细心、认真而准确的学习态度和习惯，养成爱护体育设备，主动性和创造性等良好的性格品质。

（5）武术文化对学生良性竞争意识的培养

武术文化深受儒家、道家、佛家文化的影响，在道德伦理的限制下，形成追求礼让的竞争观，讲究不为人先，先礼后兵的大将风度，反映中国人刚强而不狂野、有理有节、"点到为止"的竞争特点，追求精神气质的优胜往往多于比赛的胜败。随着社会的进步，各种竞争日趋激烈，致使学生的心理大多承受不了较重的负担，再加上学校教育体制上的不完善，使得很多学生不能正确的面对竞争，有的选择逃避，有的选择不择手段，造成人格缺陷。学生通过武术文化的学习以提升人文精神，注重个人素质的提高，调节不良情绪，缓解竞争压力，培养学生树立正确的竞争观。在武术文化中修身养性的内容极为丰富，在教学中教师就可以利用这一内容去影响学生的竞争意识。使他们形成良好的竞争意识，避免学生在社会竞争中表现出攻击和侵略的天性。

（6）武术文化对学生正确人生观和价值观的塑造

学生的人生观和价值观是学生认知、情感、意志等多方面心理结构的综合作用的结果，随着物质文明的发展，校园里滋生出来的拜金主义和利己主义，严重影响着学生人生观和价值观的形成和发展，青少年正处于人生的十字路口，教师可以利用武术文化教学帮助学生培养和形成正确的人生观和价值观。人应当在正义的指导下去追求利，不能单纯的为了利而追求利，不能见利忘义，更不能以利害义。重义轻利，从来就是武术文化所推崇的武德信念。见义勇为，舍生取义也是武术文化所嘉许的。以此来培养学生明辨是非，刚强不屈的人格尊严，追求有意义的生命价值具有举足轻重的作用。现代社会应试教育下诸种的物欲横流、追逐名利、冷漠自保等错误的人生观、价值观在学生中逐渐形成，而体育课程中的武术教学从某种程度上就与现行的应试教育相反。武术教材与教学是从思想道德、劳动技能和身心素质等方面全面地塑造学生的人生观和价值观。学生的人生观与价值观是学生的认知、情感、意志等多方面心理结构的综合作用的结果。学生从自然人成为社会人、文化人的过程中所形成的价值观、人生观，不仅仅靠的是认知教育而且也经历了一个个情景教育的过程。武术教育中就是借助武术知识课程和情景课程的统一，最终实现学生的自我人格，形成一个正确的人生观和价值观。

（7）武术文化与学生意志品质的形成

学生的意志是学生自觉地确定目的，并根据自己的目的调节支配自身的行动，克服困难，去实现预定目标的心理过程。是学生的意识对一定客体的一种能动关系的反映。在武术教学中，教师应把学生的意志培养看作是武术教学的重要目标与核心内容。学生在练习武术时讲究"练内"与"练外"，即"内练一口气，外练筋骨皮。"这样内外结合，相辅相成，才可修炼出深厚的功夫。为达此目的，学生不仅应在饮食起居要有所节制和安排，而且在练功的刻苦、恒久上要不断加强。一定要做到锲而不舍、自强不息。通过这个过程的磨练，无疑对培育他们"刚健有为、自强不息"的意志品质是十分有益。培养学生良好的意志品质并非一朝一夕的功夫，因为人生的道路不会一帆风顺，将会遇到如家庭、社会或自己身体等各方面的种种困难。这些都需要有坚韧的毅力去克服。无论什么人立志无常，遇难改向，做事不能坚持到底，是无法成才的，要有耐心与始终如一的努力。古人曰："贵有恒，何必三晚睡五更起"，要在学习、工作中取得优异成绩，必须始终保持旺盛的精力投入，做事三分钟热度是一事无成的。坚持性的精神就是"恒"。

（8）武术文化与学生美德培养

武术教学中的内外兼修、德艺统一，是武术的宗旨，中国武术所有拳种流派几乎都以"内外兼修"为宗旨。这种内外兼修除精、气、神的修炼外还特别要求道德品质的修养。即讲求武德，使武术由一门技击技术变为惩恶扬善，除暴安良、去邪扶正的教化手段。武术文化中的仁义观应该是学生的生活准则和好恶评判的标准，无论何时都有强烈的道德魅力，深刻地反映了中华民族善良诚朴，热爱和平的禀赋，处处表现出我们这个仁义之国、礼仪之帮的民族特性。因此传统武德中的爱国爱民、尊师重道、讲理守信等高尚品德与情操，在今天仍值得继承和提倡。武术宗旨和武德作为一种思想教育的手段历来被武术界所重视，学习武术的主要目的主要是培养学生伸张正义，卫身保国的品质。当前在社会上还存在着极端个人主义、拜金主义、享乐主义等思潮，对广大青少年起着腐蚀、侵袭的作用，所以我们提倡古人的践履精神，对于培养爱国

家、爱集体、爱社会主义的一代新人具有重要的现实意义。当今社会纷繁复杂，学生面临的诱惑颇多，近年来犯罪低龄化正说明了这点。因此，对学生的德育教育，特别是武德教育就更为重要。大力弘扬中华民族传统美德，着重培养广大青少年良好的心理素质，完善他们的人格结构，使人协调、自然、平衡、和谐，富有开拓性和创造性，成为有理想、有道德、有文化、有纪律、有中国特色的社会主义事业的建设者和接班人。

（9）结语

武术文化扎根于民间，深寓东方哲理和伦理，与中国的其他传统文化相互渗透、相互影响，具有丰厚而广袤的文化内涵。从古至今对学生个性、心理、思维方式都产生了巨大的影响。因此研究中华民族优秀传统武术文化内涵，让世界了解东方文明，增强炎黄子孙的自信心和凝聚力，是时代赋予我们的义务和责任。武术文化是中国大文化的派生，在漫长的发展历史过程中形成了丰富的内涵和深刻的哲理。对学校体育必将起到推动和促进作用，其尚武崇德的精神和淡薄名利的价值观，在任何时代和社会都应该继承和发扬。然而我们也应该承认现行的武术教学中传授武术文化也有不合理的地方，有阻碍武术发展的部分。因此我们要坚持用科学的理论与方法对武术文化进行挖掘与整理，加以分析和选择，保留精华，去其糟粕。使武术顺应时代的发展，符合大多数学生的心理，建立科学的理论体系与时俱进，承载更多的文化内涵，培养学生健全的人格品质，实现人的可持续发展。在现在全球一体化的趋势下，每一个民族的个性如何体现，民族精神很重要。现在体育课中增加武术内容，应不仅将武术作为锻炼身体的方法，并且作为弘扬民族精神的方法，按照时代的需要，民族的需要来推动武术文化的发展具有十分重要的教育意义。

◆ **武术防身价值功能**

练武防身是个传统观念，它与中国传统的伦理、文化及社会政治结构都有必然的联系。早在武术起源的初期，人类的祖先就开始使用棍棒等工具采用格斗的方式来对外界的入侵者进行自我防卫，可见，武术的最初的功能还是为了防身而起源的，在很早的时候人类就有了自我防卫意识。

随着社会的进一步发展，人类学习武术的目的也有所改变。在当代改革开放时期，人们的生活过的比较和谐，但是在这个时期，学习武术进行防身还是十分有必要的。2010年3月23日，是一个让人难以忘记的日子，在福建南平市的一所小学里发生了特大凶杀案，受害者中已死亡8人，受伤5人，有一人可能成为永久性植物人，面对这样的惨案，我们的教育机构应当合理制定武术体育课，让学生学会自我防卫术也是非常有必要的。

此外，国际风云变幻莫测，增加了许多不安定因素，人们渴望学一些擒拿、格斗等手法，危难时刻能保护自己生命财产的安全。社会上各种武校和散打培训班繁多，许多大公司老板都重金聘请有武功的保镖，这都充分体现了武术的防身价值。

◆ **竞技观赏价值功能**

武术具有很高的观赏价值，无论是套路表演，还是散手比赛，历来为人们喜闻乐见。唐代大诗人李白好友崔宗字赞他"起舞拂长剑，四座皆扬眉"。杜甫在《观公孙大娘弟子舞剑器行》著名诗篇中有

"昔有佳人公孙氏，一舞剑器动四方。观者如山色沮丧，天地为之久低昂"的描绘。汉代打擂台，"三百里内皆来观"。都说明无论是显现武术功力与技巧的竞赛表演套路，还是斗智较勇的对抗性散手比赛，都会引人入胜，给人以美的享受，都具有很高的观赏价值。通过观赏，给人以启迪教育和乐趣。

武术要发展，必须靠竞技来提高。北京申办2008年奥运会成功，增添了武术进入奥运会的希望。2000年"中国武术散打王争霸赛"举行，散打运动员去掉护具，增设围绳，开放技法，每位运动员都有响亮的绰号。场上生龙活虎，快如闪电的打斗场面，给人们留下了深刻的印象。李小龙等武术明星，将中国武术搬上银幕，征服了世界各地的观众，为中华武术走向世界，

杜甫画像

发挥了巨大的作用。在海内外影响巨大，观众如云。2001年全国第九界全运会上，武术作为非奥运项目，其金牌数又增加3枚，而这3枚金牌又全部增加到"散打"项目中，这预示着体现竞技性的武术散打竞技观赏功能的加强。

 知识百花园

观公孙大娘弟子舞剑器行

杜甫

昔有佳人公孙氏，一舞剑器动四方。

观者如山色沮丧，天地为之久低昂。

霍如羿射九日落，矫如群帝骖龙翔。

来如雷霆收震怒，罢如江海凝清光。

绛唇珠袖两寂寞，晚有弟子传芬芳。

临颍美人在白帝，妙舞此曲神扬扬。

与余问答既有以，感时抚事增惋伤。

先帝侍女八千人，公孙剑器初第一。

五十年间似反掌，风尘澒洞昏王室。

梨园弟子散如烟，女乐馀姿映寒日。

金粟堆南木已拱，瞿唐石城草萧瑟。

玳筵急管曲复终，乐极哀来月东出。

老夫不知其所往，足茧荒山转愁疾。

◆ **技击美与技术美融合的审美价值功能**

武术除了以上功能外，还具有技击美和技术美融合的审美价值功能。武术技击美和技术美二者相得益彰的结合，充分体现出"以美启真"的独具魅力的审美特点。在演练套路时人们可以感受到"打"的氛围，在散打中又能体现到"演"的韵味。闪展腾挪、窜蹦跳跃、摔打跌扑等不断变化的形体表现，通过演练时的刚与柔、快与慢的节奏变化，通过动如脱兔、静如处女的性情体现，使观赏者获得一种悦目的美感。武术是一种钢里透美，美中显钢的一种体育运动，它不但可以陶冶人的情操，还可以从另一个侧面提升人的审美观。

◆ **经济价值功能**

社会在不断进步，人们的价值观也在不断地提高，因此，原本仅仅是为了防身而诞生的武术现在已经不再是为了防身而流传至今了。武术发展到现在还具有一定的经济价值。

随着社会的发展，武术的经济价值越来越明显，"郑州国际少林武术节"就以武术搭台，经贸唱戏为一体，由此促进了当地经济的发展。还提高了河南在世界上的知名度。神州大地武术学校和培训班层出不穷，为举办者带来丰厚的利润。武术器械、服装、书籍、保健品处于热销之中。"武术产业"成为朝阳产业。"中国功夫对美国职业拳击赛"、中国功夫对泰拳比赛"门票高达800元，但现场人山人海，为社会带来极大的商机。因此，大力弘扬中国的武术，使其传承下来，也可以为我国带来很大的商机。

◆ 社会交往价值功能

武术运动蕴涵丰富，技理相通，入门之后会有"艺无止境"之感。群众性的武术活动，便成为人们切磋技艺，交流思想，增进友谊的良好手段。随着武术在世界广泛传播，还可促进与国外武术爱好者的交流。许多国家武术爱好者喜爱武术套路，也喜爱武术散手，他们通过练武了解并且认识中国文化，探求东方的文明。武术通过体育竞技、文化交流等途径，在与世界各国人民友好交往中发

挥着越来越大的作用。

武术作为民族传统文化和体育项目，在国际交往中有特殊的政治功能。尼克松任美国总统时，中美关系紧张，为促进中美交往、对话，中国武术队访问了美国，使美国了解中国文化，为中美建交起了

尼克松

很大的作用。随着武术的国际化，国外爱好者与中国交流越来越多，各种武术交流活动越来越多，武术社会交往价值功能日益突出。

几大武术流派

◆ **按照拳法分类**

按照拳法分类，有以佛圣道仙、神祇鬼怪命名的一神拳、二郎拳、八仙拳、天罗拳、韦驮拳、大圣拳、地煞拳、佛教拳、罗汉拳、金刚锤、六星拳、哪咤拳、金刚拳、观音拳、佛汉拳。二十八宿拳、四仙对打拳、七星访友拳、罗汉螳螂拳、夜叉巡海拳、金刚三昧掌、夜叉铁沙掌等。

以"门"命名的——空门拳、余门拳、硬门拳、红门拳、鱼门拳、法门拳、孔门拳、风门拳、水门拳、火门拳、字门拳、孙门拳、严门拳、鸟门拳、佛门拳、窄门拳。熊门拳、罗汉门拳、磨盘门拳、自然门拳、引新门拳、水浒门拳等。

以姓氏命名的——刘家拳、薛家拳、岳家拳、蔡家拳、李家拳、莫家拳、祈家拳、温家拳、孙家拳、邹家拳、巫家拳、赵家拳、洪佛拳、岳家教、钟家教、杜家拳、周家拳、高家拳、朱家教、蔡李佛拳、戚家拳、刁家教、李家教、岳氏连拳、陈氏太极拳、杨氏太极拳、武氏太极拳、罗家三展、杨家短打、吴氏太极拳、林氏下山拳、胡氏戳脚、郝氏戳脚、孙氏太极拳、武氏十八技等。

以人名命名的——五祖拳、宋江拳、燕青拳、太祖拳、纯阳拳、达摩拳、孙膑拳、白眉拳、文圣拳、南枝拳、珠娘拳、玄女拳、武侯拳、五郎拳、咏春拳、岳王锤、武子门拳、子龙炮拳、刘唐下书拳、武松脱铐拳、太祖散掌、达摩点穴拳、太白出山拳、甘凤池拳法、黄啸侠拳法、燕青十八翻、三皇炮锤、孔朗拜灯拳、武松独臂拳、孙二娘大战拳、神行太保拳、燕青巧打拳、罗王十八掌、达摩十八手、武松鸳鸯腿拳等。

以地名命名的——潭腿（山东临清龙潭寺）、少林拳、武当拳、峨眉拳、崆峒拳（分五大门：夺命门、醉门、飞龙门、追魂门、神拳门）、关东拳、关西拳、梅山拳、

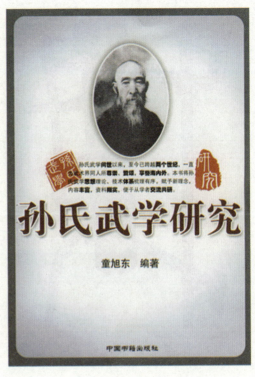

孙门拳之《孙氏武学研究》

灵山拳、昆仑拳、龙门拳、登州拳、西凉掌、东安拳、石头拳、水游拳、太行意拳、洪洞通背拳等。

以手法命名的——插拳、截拳、套拳、穿拳、撕拳、挂拳、挡拳、剑手、短手、扎拳、翻拳、炮拳、罩掌、五手拳、封手拳、练手拳、拦手拳、应手拳、捏手拳、合手拳、通臂拳、杀手掌、反

弹簧式咏春拳木人桩

臂掌、劈挂拳、摺挡拳、撞打拳、字手、十字手、黄英手、八黑手、锦八手、排子手、万古手、照阳手、金枪手、天罡手、地煞手、四门重手、分手八快、咬手六合拳、盖手六合拳，九宫擒跌手、三十六闭手、七十二插手、罗汉十八手、二十四破手、三十六看对手等。

以步法、腿法命名的——弹腿、踔腿、截腿、戳脚、连腿、暗腿、四步拳、六步拳、八步拳、练步拳、穿步拳、挡步捶、涌步捶、顺步捶、腰步捶、乱八步、三步架、五步打、掘子腿、溜脚式、八步转、十字腿拳、溜脚架子、十二步架、六步散手、连环鸳鸯步、鹿步梅花桩、少林二十八步、八步连环拳、九宫十八腿、进步鸳鸯连环腿等。

地躺拳类——地躺拳、地功翻子、金刚地躺拳、地行拳、地功戳脚、少林地龙拳、地功鸳鸯拳、飞龙地躺拳、地功罗汉拳、活法黄龙拳、地躺八仙拳、九滚十八跌等。

醉拳类——八仙醉、水游醉、醉溜挡、醉八仙拳、醉罗汉拳、文八仙拳、武八仙拳、大八仙拳、混八仙拳、清八仙拳、少林醉拳、形式八仙拳、罗汉醉酒拳、太白醉酒拳、武松醉跌拳、燕青醉跌拳、石秀醉酒拳、鲁智深醉打山门拳等。

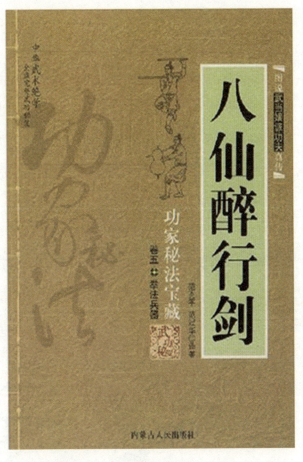

《八仙醉行剑》

跌打拳类——跌扑拳、沾跌拳、沾衣十八跌、武松混打拳、武松脱铐拳、水浒连环拳等。

此外，各地的著名拳种还有：形意拳（心意六合拳）、大成拳（意拳）、八卦拳、八卦掌、八极

拳、六合拳、查拳、华拳、红拳、节拳、绵掌、绵拳、太虚拳、二郎拳、大悲拳、功力拳、石头拳、连城拳、两仪拳（太极快拳）、独臂拳、疯拳、埋伏拳、迷踪拳、缅拳、缠丝拳、磋跤拳、曦阳掌等。

以动物命名的——龙拳、蛇拳、虎拳、狮拳、象拳、马拳、猴拳、豹拳、鹤拳、鸡拳、鸭拳、彪拳、狗拳、龙形拳、龙桩拳、龙化拳、飞龙拳、火龙拳、青龙拳、行龙拳、飞龙长拳、青龙出海拳、毒蛇吐信拳、虎形拳、黑虎拳、青虎拳、飞虎拳、伏虎拳、白虎拳、饿虎拳、猛虎拳、五虚拳、八虎拳、虎啸拳、虎豹拳、车马虎拳、隐山虎拳、回头虎拳、侧面虎拳、工字伏虎拳、五虎群羊拳、虎鹤双形拳、飞鹤拳、食鹤拳、白鹤拳、宗鹤拳、鸣鹤拳、饱鹤拳、饿鹤拳、五祖鹤阳拳、永春白鹤拳、独脚飞鹤拳、狮形拳、金狮拳、狮虎拳、

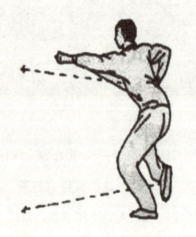

太极梅花螳螂拳部分招式

二狮抱球拳、猿功拳、猿形拳、猿糅伏地拳、白猿短臂拳、白猿偷桃拳、鸡形拳、鸭形拳、鹰爪拳、雕拳、鹞子拳、老鹰拳、岩鹰拳、鹞子长拳、燕形拳、大雁掌、蝴蝶掌、龟牛拳、螃蟹拳、灰狼拳、黄莺架子、鸳鸯拳、螳螂拳、八步螳螂拳、梅花螳螂拳、硬螳螂拳、六合螳螂拳、光板蝗螂拳、秘门螳螂拳、七星螳螂拳、摔手螳螂拳、玉环螳螂拳等。

以日常杂物命名的——巾拳、伞拳、花拳、船拳、扇拳、钟拳、脱桔拳、百花拳、梅花拳、莲花拳、板凳拳、褂子拳、白玉拳、汤瓶拳、沾衣拳、云帚拳、螺旋拳、山门拳、衣衫母拳、三战铁扇拳、三十六合锁等。

八卦刀

著名的器械套路有：八门金锁刀、八卦刀、八卦大枪、九洲棍、六合刀、六合枪、六合剑、六合棍、日月乾坤刀、日月乾坤圈、少林双刀十八滚、太极刀、太极剑、河州棍、月牙枪、达摩杖、达摩棍、纯阳剑、八仙纯阳剑、武当剑、青萍剑、袁氏青萍剑、杨氏青萍剑、贾氏青萍剑、梅花刀、梅花枪等。

从这些武林门派、拳种、套路中，对照侠文化的武功追求，有两个意义，一是从中可以看到中国武功文化的历史和现实中的源头；二是可以看到中国武功文化中的想象成分及其与现实的差距。了解这些，相信对于中国武功文化的进一步理解和鉴赏，将有一定的意义和价值。

◆ 按照宗派分类

中国武术大致按流派可以分为三大宗派，它们分别是少林派、武当派、峨眉派。这三大派系各有特色，在我国武魂文化中占据很重要的地位。

1. 少林派

在中国武术中，少林派是范围最广、拳种最多的武术门派，少林派的武功套路高达七百多种，因发源于中国河南省嵩山少林寺而得名，又因以禅入武，习武修禅，而有"武术禅"之称。

少林有分为五大流派，其中包括河南（嵩山）少林、福建少林、广东少林、峨眉少林和武当少林，每派中又分许多小派和门别，派别实繁。按照地域来划分又可以分为北少林和南少林两大流派。

少林功夫内容丰富、套路繁多。按性质大致可分为内功、外功、硬功、轻功、气功等。内功以练精气为主；外功、硬功多指锻炼身体某一局部的猛力；轻功专练纵跳和超距；气功包括练气和养气。按技法又分拳术、棍术、枪术、刀术、剑术、技击散打、器械和器械对练等共一百多种。

少林拳是非常有名的，其套路有很多，具有代表性的是少林五拳，即龙拳、虎拳、豹拳、蛇拳、鹤拳。龙拳练神、虎拳练骨、豹拳练力、蛇拳练气、鹤拳练精。少林拳分南北两派，南派重拳，北派重腿，下又各分小派。少林拳术刚健有力、刚中有柔、朴实无华、利于实战，招招势势非打即防，没有花架子，有"拳打卧牛之地"之说，其风格主要体现一个"硬"字，攻防兼备，以攻击为主。少林拳的拳势并不强调外形的美观，只讲求技击的实用。步法进退灵活敏捷，有冲拳一条线之说。在身段与出拳上，要求手法曲而不曲，直而不直，进退出入，一切自如。步法要求稳固而灵活，眼法讲究以目视目，运气要气沉丹田。少林拳的动作迅如闪电，转似轮旋，站如松，

鹤拳部分招式（一）

鹤拳部分招式（二）

跳如轻飞。

少林派棍术包括风火棍、齐眉棍、旗门棍、小夜叉棍、大夜叉棍、猿猴棍、大杆子、少林棍、小梅花棍、阴手棍、阳手棍、云阳棍、劈山棍、五虎擒羊棍等。对练棍术有排棍、穿梭棍、六合杆、破棍十二路等。棍打一大片，一扫一劈全身着力。棍练起来呼呼生风，节奏生动，棍法密集，快速勇猛。它既能强身健体，又能克敌制胜，在历代抗敌御侮中，少林棍发挥过重要作用。少林派枪术、刀术、剑术、器械对练、技击散打等也都各有特色，独具一格。

少林功夫中的气功也是一个很大的门类，少林寺流传的气功有"易筋经""小武功""站桩功"等。

2. 武当派

在武林中一直流传着一种说法："外家少林，内家武当"。说的就是武当派以内家拳最为出名。

武当派，因发源于湖北均县境内的武当山而得名。武当山历来为道教圣地之一。道家讲究清静无为，又最讲究养生之道，所以武当拳的特点是技击与养生并重，融养生于技击之中。这些也正是道家拳派的特点，这些特点与偏重技击的佛门拳派少林拳是有区别的。

在武当拳中，有许多技击原则，它们是：后发制人，以静制动，以逸待劳，乘势借力，斗智不斗力，尚意不尚力。在对敌时，要求化去对方的劲力，而不宜以硬对硬；动如蛇之行，劲似蚕作茧，心息相依，闪展巧取；步走弧形，进以侧尚意不尚力。在对敌时，要求化去对方的劲力，而不宜以硬对硬。武当拳手法多变，以翻钻为主，多用掌而少用拳，较少跳跃动作，步型低矮。用掌，重在打穴；少跳跃，重在实践；步型低，重在擒拿；走圈步，重视跌法，由此形成了武当拳的独特风格。

由于武当的道士们过的是与世无争的生活，所以练武当拳的目的是出于自卫，除非遇到危急情况，否则不许动手。而一旦动手，则是柔中有刚，软里藏硬，化劲用柔，发劲用刚，具有较大的威力。

据粗略统计，流传至今的武当派拳路有六十多种，器械套路也有几十种，武当拳派中还包含若干功法，比较著名的有活气功（类似"铁布衫"功）、和血功（重在养生）、打穴功、浑元阴阳五行手、黑砂迷魂手等。

3. 峨眉派

峨眉派为中土武功的三大宗之一，也是一个范围很广泛的门派。峨眉派发源于中国四川峨眉山，在明代逐渐形成门派，其功法介于少林阳刚与武当阴柔之间，亦柔亦刚，内外相重，长短并用，融汇了南拳、少林、武当等众家之长。

从宗教渊源上看，峨眉亦僧亦道，而以道姑为主。此外，峨眉派的许多招式，也都具有女性的色彩，如拳法中的斜插一枝梅、裙里腿、一面花、倒踩莲等；又如剑法中的文姬挥笔、越女追魂、索女掸尘、西子洗面等；簪法中的闭月羞花、沉鱼落雁等，都完全是女子的姿态。还有峨眉派的著名兵器峨眉刺，又称玉女簪，也是由女子发簪变来的。

峨眉派武功有所谓"动功十二桩"——天、地、之、心、龙、鹤、风、云、大、小、幽、冥；又有所谓"静功六大专修功"——虎步功、缩地功、悬囊功、重捶功、指穴功、涅磐功；有"三大器械"——剑法、簪法（峨眉刺）、针法（暗器）。峨眉派的绝技，不

仅包括三十六式天罡指穴法，还有峨眉剑法。峨眉派的剑法和簪法，其姿势优美而威力十足，堪称一绝。

千奇百怪的其他武术

◆ 日本剑道

事实上剑技只是一种手段，双方出手前的对峙；则是心对心的交战，因此，欣赏和观看剑道可从外在的技术和内在的心理两方面来看。就技术方面，动作利落姿势优美，气势及精神饱满，显示强而有活力。就心理方面而言，观看其临场情绪表现是冷静或浮燥，交战中是否能有敏锐正确的判断力，如何采取妥当的因应对策，如"先发制人""以逸待劳"或"反击致胜"的战术运用等，便可看出习剑者的智慧与修炼。

1. 剑道的起源

"剑道"一词最早出现在中国先秦时期古籍《吴越春秋》中。在两汉时期中日即有兵器及冶炼铸造技术的交流往来。同时中国一脉相承的双手刀法经过日本官方派遣遣隋使和遣唐使与中国大陆之间的官方往来，以及朝鲜半岛和大陆沿海周边地区和日本群岛的民间交流，于隋唐时期流传到了日本。传至日本的刀法经过日本长年的战争岁月不断演变，在日趋稳定的日本江户时期，模仿日本盔甲的样式，制作了剑道护具与竹剑的基本形制，自此之后，日本体育剑道的雏形便确

立了。

一般情况下，剑道专指现代剑道，又称体育剑道。是近代为适应社会发展而改造过的武术、体育类竞技。而传统的古剑道，日语叫剑术，是古代日本武士在战斗时所使用的"真正的"武士刀格斗技。

剑道区别于剑术的一方面是剑道通常使用竹刀进行训练，而剑术通常使用的是武士刀（为了安全起见，可能是未开刃的）。剑道、斩道、居合道、拔刀术均是脱胎于古剑道（即剑术）的分支武道。

2. 剑道的发展

（1）飞鸟、奈良、平安朝时期——日本剑道起源的传闻

据传，在二世纪初，剑法三个段位即"天地人"也就是"上

《吴越春秋》

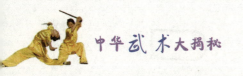

剑道护具装备

中下"段是由日本景行天皇之子
"日本武尊"创定的。此说乃是
记载于距此六百年后（712年）
完成的日本最初之书《古书记》
和《日本书记》上的，但书上的
内容大多属于类似神话的传说，
内容就令人怀疑了。到第四纪中
叶的时候，在常陆国鹿岛的国摩
真人，创出"神妙剑"的剑法，

此即为有名的"鹿岛之太刀"，
后世流派多源出于它。第八世纪
末，桓武天皇的皇宫大夫和气清
磨，建立武德殿，武人于此练
武，从桓武天皇至历代"平安
朝"的天皇，每年的五月五日，
都要在这里举行"天览比赛"。

（2）平安朝末期、镰仓时
期——古剑道的雏形

到了平安中叶的十一世纪初期，人们通过对过去在战场上实战经验进行总结后，发现在马上作战时，使用砍斩的机会比刺击多并较有利，也为了利于拔刀，于是将原来单手使用，以刺击为主，砍斩为副的三尺双刃直剑，改变为双手使用，以砍斩为主，刺击为副的单刃弯刀，于是，在这个时期便出现了现在"日本刀"的雏形。

日本武尊画像

平安时代中末期至镰仓幕府建立的时候，在日本国内发生的连年内战从客观上推动了古剑术的进步，从而掀起了第一次古剑术革命，涌现出许多有名剑术武艺家，其中的代表为：

镇西八郎源为朝，剑技凌驾号称"西陲第一"之乃师，复创"阴阳"也即"左右"两个段位，加上原有的"上中下"其五个段位的构型，成为后世的规范。

源义经，在"平治之乱"时期其父源义朝被平清盛所杀，其母被掳并被纳为妾。而义经得免死，被

日本刀

软禁于山城国鞍马寺，读书习武。有一天，源义经在后山山谷中遇上自称为"天狗"的异人传授剑技。义经将异人传授的剑术融入日本刀的使用法中，最终自创了源家一统的剑法。此剑法遂经其门下，么一法眼的门下八达人，成为有名的"京八流"或称"鞍马八流"，其支流一直流传至今。

镰仓幕府（1185—1333年）建立后，作为日本第一个以武士阶级为基础建立的军事政权，因此，把大力推崇军事力量及武艺作为了对社会稳定的一个工具，在此期间剑术、弓术、骑术是三种最主要的武艺。剑术及其他武艺的发展同时受到佛教禅宗思想的深刻影响。禅宗关于自然与生死的概念及人生哲理等与武士阶级生活方式相结合，使古剑术产生了独特的哲学内涵与教育作用。随着剑术的发展，这一时期兴起了许多以教授武艺为目的的"武馆"和各有特色的"流派"。

于此同时，攻防的剑技与武具也得到了很大的进步与发展，为了防御战场上强而有力的矢箭，因此必须穿着厚厚的甲胄。而一旦到了白刃战时，为了对付这类甲胄，就把三尺以上，甚至达四至五尺长的太刀的剑尖垂斜于右或左后方，扬剑从斜上方往斜下方砍下，或从斜下方往斜下方挥斩，所以才产生了"胁构"的构型。

（3）室町时代、战国时代——古剑道的进一步发展

室町幕府末期，古剑术在长达百年的战国时代得到了很大的发展。1544年火绳枪输入日本之后，厚重的甲胄已失去其防护的能力，于是改用利于进退的轻巧护甲，刀剑的尺寸也改短。由常佩刀（刀刃向下，水平式挂吊于腰带上）改成为刀刃向上，斜插于腰带上，剑技也以攻击颈、喉、腰、腋下、股间

日本甲冑

与手脚关节等等，护甲所保护不到的地方为主。此时代学习剑法，以真剑、刃引（锻剑时没有嵌入刃锋的刀）、木刀等作"型"的练习。

一代剑圣上泉伊势守信纲，发明以三尺余长的竹子，从刀柄的部分，往刀尖方向逐段割成四片、八片、十六片或三十二片，再以厚木棉布作成袋子把它套起来，做成素面素小手，可直接用于互相击打练习的"袋竹刀"，但一直到后世除了其传下的新阴流、新当流和部分一刀流所接纳沿用之外，其他流传并不普遍。

（4）江户时代——古剑道的成熟及近代化过渡

在战国时期，经桃山时代进入到江户时代，天下剑豪辈出，武道的发展达到了兴盛时期。德川幕府的尚武政策使得安土桃山时代剑术发展成果得以保存和深入发展。1764年前后，中西忠藏仿拟头盔、护胸、笼手而发明了面、胴、小手等护套，并将竹子割成四片，加上先革、中结、约丝、柄革、锷而做成竹刀，然后限定打击有护套保护下的任何地方。当时剑术的练习与比赛，就为现代"剑道"的形成奠定了一定的基础。但各流各派，仍保有其各自独创的"型"的剑法，故以真刀实战，仍需辅以型的练习，到德川幕府末期，天下的剑法流派，达二百多个流派。大剑豪千叶周作在前人基础上总结出"剑术技术68手"，改进并使用中西派护具竹刀进行日常练习，标志着古剑道体系已经完备和成熟，这同时也为剑道增加了

古代头盔

非常浓厚的艺术色彩。

明治维新后废藩治县，许多武士们纷纷沦为浪人。1876年发布除军人警官之外，一般人的带刀禁止令，使原来的武士们，为了生活不得不转事农工商之工作，但却又因不擅其事，以致很多人陷入了衣食短缺、生活穷困的地步。于是各地剑术道场也逐渐凋敝，最后导致剑术的继承和发展也陷入了困境。

明治十年，西南战争的爆发使得人们逐渐认识到剑术仍然是重要军事力量，于是武士道等传统民族精神核心的警视局招募全国剑士，组织"拔刀队"讨伐西乡隆盛。明治十二年正式兴习剑术，同年五月，集各地剑士举行击剑会，首创制定"胜负三次"的办法，并由直心影流、立身流、一刀流、鞍马流、宝山流、传流、柳生流、自源流、无念流、镜新明智流等十流中，各采一式，制定成"警视厅

流"之剑道型，此型后来也被全国的警察学校所采用。

（5）明治时代、大正时代、昭和时代——现代剑道的产生和发展

①明治时代

1895年（明治28年）明治二十八年，各地武艺家于京都平安神宫内举行武德祭，并重建武德殿，成立"大日本武德会"。

1905年（明治38年）8月 京都武术教师培养所成立

1911年（明治44年） 武术教师培养所改称为武术专门学校，同时剑道成为旧制中学中的正课。

②大正昭和时代

1920年（大正8年） 参考讲道馆将"柔术"改为"柔道"的方法，将"击剑""剑术"等称为"剑道"并逐渐推行。同时重新制定和改良了以往的练习方法，使剑道得以保存和推广。

京都平安神宫

1929年（昭和4年）5月 第一届剑道天览试合

1934年（昭和9年）5月 第二届剑道天览试合

1940年（昭和15年）6月 "皇纪2600年"剑道天览试合

在此时代中，一方面剑道得以复兴和发展，另一方面剑道精神被军国主义所利用，成为军国主义便利的战争工具，是导致了第二次世界大战中"万岁突击""玉碎"等悲剧的原因之一。

③二次世界大战后

1945年（昭和20年）11月6日 占领军总司令部全面禁止学校中开展剑道教育课

1946年（昭和21年）8月25日 限制剑道在社会体育中开展

1946年（昭和21年）至1947年（昭和22年） 大日本武德会解散

1950年（昭和25年）3月5日 "全日本挠竞技联盟"成立

1952年（昭和27年）10月14日 全日本剑道联盟结成

1953年（昭和28年）5月19日 文部省解除对社会体育中剑道的禁止

1954年（昭和29年）3月14日

大日本武德会徽章

全日本挠竞技联盟以及全日本剑道联盟统合为全日本剑道联盟。

第二次世界大战后，日本战败，被日本国土占领军总司令部，认定剑道为残酷恐怖的武技，于是开始全面禁止剑道、射击、铳剑术等，与此同时，一般人所拥有的护具，全部没收并予焚毁等。后来由森顺造氏等出面陈情并反驳谓："剑道并非如贵部所思，专为学习杀刃为本旨之技，其所含更高次元的精神意义为：承习古传诸流攻防体技之间，不仅形而下之体格、体力、健康、长寿等之增进，更能具备形而上之观察、理解、判定、断行、思考、克己、搏节、礼让、信义、仁爱等精神上的教育，故贵部如此禁绝，是否悖民主主义之自由精神，何况，际此原子武器的时代，而却对此剑道有所畏惧而予禁绝，岂不是一件非常可笑的怪事，与浅虑谬误之指施？"，该反驳提出后，剑道禁止的命令果获停发。昭和廿四年举办战后首次全国剑道竞技选手权大会，向总部提出申请，却未获正式批准，但也并不加以禁止，因此，后来剑道等活动就在形同"默许"的状态下举行。

1954年，全日本剑道联盟的成立，为剑道的复兴和现代化做出了巨大贡献，并于1975年重新定义了现代剑道的宗旨：磨练身体与心智，塑造强大的精神力量；籍由正确而严格的训练来使自身剑技得以进步、使人礼仪和荣誉感得以培养、使人学会与人真诚相待，同时提高练习者的文化修养；以促使练习者能热爱祖国和社会，为人类社会的进步做出贡献。

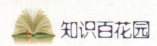

明治维新

十九世纪时候，日本发生了明治维新，当时萨长土肥四强藩合兵。在伏见·鸟羽战役中战胜幕府军，末代将军德川庆喜被迫把大政奉还给了明治天皇，从此，日本便正式迈入了资本主义社会。

明治维新剥夺了封建武士阶层的特权，中上级武士因由政府赎买其土地而转化为新的寄生阶级，下级武士却只有破产。1877年，西南士族在西

明治天皇自画像

乡隆盛的领导下发生叛乱——西南战争是戊辰战争的余波。明治维新毁灭了旧的封建秩序，开创了新时代，无论在日本历史还是世界史上都具有深远的影响。维新主角并非四强藩藩主，而是广大中下级武士和平民。明治维新是日本历史上的一次政治革命，也是日本历史的重要转折点。它推翻德川幕府，使大政归还天皇，在政治、经济和社会等方面实行大改革，促进日本的现代化和西方化。明治维新的主要领导人是一些青年武士，他们以"富国强兵"为口号，企图建立一个能同西方并驾齐驱的国家。

明治政府首先通过采取"奉还版籍""废藩置县"的措施，把日本长期以来的封建割据局面彻底销毁了，这为建立中央集权国家和发展资本主义经济奠定了坚实的基础。此后，明治政府实施了富国强兵、殖产兴业和文明开化三大政策。富国强兵，就是改革军警制度，创办军火工业，实行征兵制，建立新式军队和警察制度，它是立国之本；殖产兴业，就是引进西方先进技术、设备和管理方法，大力扶植资本主义的发展；文明开化，就是学习西方文明，发展现代教育，提高国民知识水平，培养现代化人才。

◆ **日本柔道**

柔道是日本武术中特有的一科，由柔术演变发展而来的。它具有悠久的历史，明末清初浙江人陈元赟于公元1638年去日本帮助创建柔术，日本人学到了其中的踢踢、打、摔、拿等技术，结合本国武术和本国国情以及外国武术形成了新的流派——柔术。

1882年，被誉为"柔道之父"的日本东京帝国大学学生嘉纳治五郎综合当时流行的各派柔术的精华，创立了以投技、固技、当身技为主的现代柔道，同时创建了训练柔道运动员的讲道馆。从日本战国时期到德川时代（公元十五世纪到十六世纪），一直把柔道称为柔术或体术。现在所用的柔道这个一名词，是由"日本传讲道馆柔道"简化而来的。

柔道的历史非常古老，因此柔道的起源也是非常复杂的。在柔道各流派的著作中，流传着各种各样的说法。一种传说是：在垂仁天皇时期（公元前29年继位），野见宿弥和当麻蹴速二人进行了一次有名的格斗。他们的格斗是用拳脚和角力相结合的方法进行的。此后，一些人吸取了其中角力的技术，发展成为现在的相扑运动；另一些人总结了格斗中搏击方面的经验，发展成为柔术，进而演变成为柔道这种体育运动形式。

据历史记载，最早的柔道流派是天文元年（1532年）六月创始的竹内流派；接着在丰臣末期（约1590年）兴起了荒木流派；德川家光时代（1623年）以后，又出现了梦想流派、制刚流派、良移心当流派、天神真杨流派、起倒流派、吉同流派、直心流派、涉川流派等。

柔道是对中国拳术的发展，源出少林之门。

在日本东京，古武道研究会曾立一碑，上书："拳法之传流，自明人陈元赟而起。"陈元赟是中国的一位武林高手，是他将中国的传统武术传到扶桑（今日本），成为现代风行世界的柔道之先河。

陈元赟生于明万历十五年（1578年），祖籍杭州，因崇尚武艺，少年时代即在嵩山少林寺习武。经名僧指点，武术渐进，成为一名武林高手。

天启元年，陈元赟东游扶桑，先后在名古屋、扛户等地传授正宗华夏拳术，收了很多徒弟。当时，陈元赟的徒弟中的三浦、福野两君深得少林武术之真谛，自立门户后，便称为"日本中古柔术之祖"，最后将中华武术发展成日本现今的柔术。

◆ **日本空手道**

日本的空手道是由距今五百年前的古老格斗术和中国传入日本的拳法糅合而成的。当时，在琉球上层阶级间，暗中参考中国的拳法创出了独特的唐手，即最初的"空手道"。而在"唐手"之前，已有"那霸手"和"首里手"，这两种名称是根据地域划分的，如今都成为了空手道各流派的渊源。

空手道是由琉球武术发展而来的。空手道原称作唐手，含有"源自中国的武术"的意思。空手道也是源于中国古代的少林武术。除了空手、唐手这两个名称外，此武术亦曾被称为琉球手。琉球是在中国清代时进贡给中国的位于日本南面的一个小国，当地人民常常到中国，一些人拜师于武馆后返回琉球，后来，日本占领琉球，改名为冲绳，同时也执行了禁武，禁兵器令。但当地民众仍群起反抗。

人们对于空手道起源有着不同的看法，但有两件事实是日本空手道界人士所公认的。那是在琉球"唐手"之前，已有"那霸手"和"首里手"两种名称，是现今空手道各流派的源流。"那霸手"是东恩纳宽量宗师到中国福建省学习少林拳法，再融合传统的"那霸手"格斗术而组成，称"昭灵流"，独树一帜。"首里手"以松村宗秀宗师为代表，现在的"松涛馆流""系东流"及"和道流"等是其分支。"刚柔流"是由宫城长顺宗师所创始。宫城师父于公元1887年出生在琉球那霸市的名家，十四

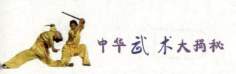

岁的时候拜"那霸手"宗师东恩纳为师。十六岁时，只身前往中国求学武道。在中国，宫城师父接受中国拳法高手们的严格训练，并且研究中国古籍理论，回国后再次比较检讨中国拳法和"琉球手"，创出一种独特的"呼吸法"，是近代学习空手道必需的预备运动法和辅助运动法，将身体构造方面的科学方法，纳入空手道的指导法中，把从前的武术当作精神修养的学习方法和顺序，组成新的体系。以两者的优点，加上独自的设想，创立了"刚柔流空手道"。"刚柔流"的名称，从中国古代文献《武备志》而来。也就是拳法八句中的一句"法刚柔吞吐"，意思是"依照刚柔之理而吞吐呼吸的法则"，于是便把它叫做了"刚柔流"。

刚柔流空手道，顾名思义，"刚"和"柔"两字意味着，由"天然之理"的"阳"和"阴"构成，"阳"和"阴"浑然一体，展现在无穷尽的宇宙生命中，为人之道也在其中，以"阳"和"阴""刚"和"柔"等两面，成为"意志"和"和谐"，互相关连。"刚柔流"保持了实战性和原始的自然形态，这点从"刚"和"柔"的代表技法，可窥见一斑。刚柔流的技法，由"刚"而"柔"，由"柔"而"刚"，转变自在，一方面显示出融通无碍的动作，一方面配合敌人的动作。"柔"攻来，就以"刚"来阻断，这种被动的方式是武技的极限，也是继承刚柔流独特的"呼吸"法而来。

在"刚柔流"中，运用动物名称的架式有很多。像猫、狗、鹤、虎、龙等。动物在格斗时，架式可以称得上无懈可击，全身的力量都贯注在格斗中，没有人类的不安和挂念，全神贯注地想击倒对方，舍弃一切的私欲和邪念。"刚柔流"的古武道色彩很浓厚，因为它重视动物的"型"和"呼吸"。这些都是本来的"刚"的一面。但是，所谓"刚"的一面，并不是一味地强调极限的姿态。如果斗争中"刚"属于一面，那么就应该有避免斗争无我的另一面，也就是所谓的"柔"，二者互相配合，就能形成刚柔流的人格。

空手道的起源可追溯于大约五百年前的冲绳琉球时代。当时中国与琉球往来交流频繁，中国拳法传入琉球，并发展成当地武术，称为"唐手"。由于长期受到禁武令的影响，"唐手"一直只能秘密地进行传授，直止到公元1905年才公开成为普及的武道。到公元1935年因"唐手"名称含有中国的意思，又由于"唐手"与"空手"的日语发音相同，于是被日本改为"空手"，最终成为了日本的武道。

空手道在"唐手"阶段的时候，由于中国武术传入的年代不同，再加上战斗风格的不同，导致了三大系统的出现：为"首里手""那霸手"与"泊手"。"首里手"以直线攻击且大动作为主，并包含扫技与摔技，适合中距离的战斗，为一古老之流派，后以"松涛馆流"为其代表。"那霸手"以防守且小动作为主，并包含擒拿技与投技，适合近距离的战斗，接近近代之中国拳法，后以"刚柔流"为其代表。关于"泊手"有一说法是中国福州安南至琉球之中国人所传授的拳法，与"首里手"及"那霸手"并没有直接的关联，目前日本冲绳"刘卫流"空手道与"泊手"之间有着十分密切的关系。而另一说法认为："泊手"是综合了"首里手"与"那霸手"两派的优点而形成的。

上述三大派中，"首里手"之

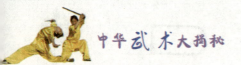
代表人物船越义珍先生（1868—1957年）在其恩师糸州安恒先生过世后，于公元1922年第一位开始将空手从琉球传入日本本土，因船越先生雅号"松涛"，其空手即被称为"松涛馆空手"（或松涛馆流空手）。而"那霸手"之代表人物宫城长顺先生（1888—1953年）在其恩师东恩纳宽量先生过世后，于公元1928年在日本京都以"三战"型为刚之型，"转掌"型为柔之型命名，设立"刚柔流空手道"。继"松涛馆"与"刚柔流"之后，摩文仁贤和（1889—1952年）于公元1929年在日本大阪以其两位恩师之名，糸州安恒之"糸"与东恩纳宽量之"东"命名，即"糸东流空手道"。另外，在公元1929年设立"和道流柔术拳法"。到目前为止，松涛馆、刚柔流、糸东流及和道流合称为"四大流派"。

船越义珍先生晚年

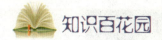

《武备志》简介

《武备志》是明代的一部非常著名的军事类书籍，它是中国古代字数最多的一部综合性兵书。本书由明代的茅元仪编著，全书共240卷，共有200多万字，配图738幅，有明天启元年（1621年）本、清道光中活字排印本、日本宽文年间（1661—1672年）须原屋茂兵卫等刊本流传。清乾隆年间被列为禁书。

茅元仪（1594—1640年），字止生，号石民，归安（今浙江吴兴）人，自幼"喜读兵农之道"（《石民四十集》卷69），成年熟悉用兵方略，曾任经略辽东的兵部右侍郎杨镐幕僚，后为兵部尚书孙承宗所重用。崇祯二年（1629年），因战功升任副总兵，督理觉华岛（即菊花岛，今辽宁兴城南）水师。不久又被权臣所忘而解职，又受辽东兵喉结之累，遣戍漳浦（今福建）。之后，辽东军情又紧急，他请求效死勤王，遭到权臣阻挠，于崇祯十二年（1640年）悲念纵酒而亡。他目睹武备废弛状况，曾多次上言富强大计，汇集兵家、术数之书2000余种，历时15年辑成《武备志》。

《武备志》其中包括了五部分：兵诀评、战略考、阵练制、军资乘、占度载。

《武备志》的编辑、刊行，对改变明末重文轻武、武将大多不知兵法韬略、武备废弛的状况有现实意义。它设类详备，收辑甚全，是一部类似军事百科性的重要兵书。其中存录很多十分珍贵的资料，如《郑和航海

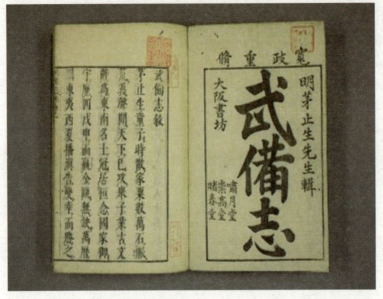

《武备志》

图》、杂家阵图阵法和某些兵器，为他书军载。所以，《武备志》一书在军事史上占有较高地位，为后世军事角所推重。

《武备志》有很多实用价值：首先，它辑录了古代许多其他书中很少记载的珍贵资料。如其中收录了一些在专门研究阵法阵图的著作，这些是在《续武经总要》中都没有记载的，但在《武备志》中却有详细的记载。尤其是它收录了"郑和航海图""航海天文图"以及明代一些少见的舰船兵器及火器等，更显可贵。

其次，它图文并茂，全书附图738幅，除《手段诀评》和《战略考》外，都有大量附图，生动形象，使我们可以在数百年后看到古代兵器、车船等的形制以及山川河流的概貌。最后，《武备志》也有一定的理论价值。总的说来，《武备志》是历代兵学成果的汇编，虽然包含的军事思想非常丰富，但不能把它们看作是茅元仪的思想。然而，在序言及评

点中，我们也可以看到茅元仪的一些军事思想以及他的一些精辟独到的看法。

事实上，在《武备志》中，茅元仪表现了要加强武备，富国强兵等思想。在他看来："人文事者必有武备，此三代之所以为有道之长也。自武备弛，而文事遂不可保。"（《自序》）他痛斥当时的士大夫不习兵事，遇有战事就惊慌失措，束手无策。他提出："惟富国者能强兵"（《军资乘·饷·序》）。他还主张开矿、屯田，发展经济，军队必经常训练，认为："兵之有练，圣人之六艺也。阵而不练，则土偶之须眉耳"。在国家防御上，他主张边、海、江防要并重，不能有所编颇，使敌人有机可乘。他还认识到物极必反的道理，指出："夫极盛者，必极衰，天道然也"。"然衰极则盛，理之常也。"他用这一道理论证盛世潜伏危机的道理，劝

《郑和航海图》

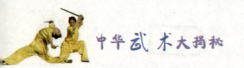
说朝廷振兴武备，提高警惕。他对历代的兵制，兵器等有自己精辟的见解。如要评论兵器时说："诸艺宗于棍，棍宗于少林，少林之说莫详于近世新都程宗猷之阐宗。"在这里指出了各种武器的渊缘。

总之，《武备志》是一部以资料价值为主，理论价值为辅的大型资料性著作，它不仅保存了古代大量的军事资料，而且为我们提供了非常难得的资料记载，与此同时，还为我们研究军事器械提供了十分难得的线索。因此，《武备志》是名实相副的中国古代兵书宝库。

◆ **韩国跆拳道**

跆拳道是韩国的一门格斗术，韩国跆拳道的腾空、旋踢脚法是世界闻名的。跆拳道这个名称来源于韩语的"跆"（指用脚踢打），"拳"（指用拳击打），"道"（指格斗的艺术和一种原理）。

跆拳道是由日本空手道逐渐流传演化到朝鲜、韩国民间的较普遍流行的一项技击术，是一项运用手脚技术进行格斗的民族传统的体育项目。它由品势（特尔）、搏击、功力检验三部分内容组成。跆拳道是通过创新并且逐步发展起来的一门独特武术，具有较高的防身自卫及强壮体魄的实用价值。它通过竞赛、品势和功力检测等运动形式，使练习者增强体质，掌握技术，并培养坚韧不拔的意志品质。

跆拳道的特点是以腿为主，以手为辅，主要在于腿法的运用。

跆拳道技术方法中主导地位的是腿法，腿法技术在整体运用中约占3/4，因为腿的长度和力量是人体最长最大的，其次才是手。腿的技法有很多种形式，可高可低、可近可远、可左可右、可直可屈、可转可旋，威胁力极大，因此，腿的

技法是实用制敌的最有效的方法。

跆拳道把礼义廉耻、忍耐克己、百折不屈等作为自己的象征性精神。

◆ 拳 击

拳击运动源远流长，它起源于人类产生之初。人类在生存和竞争中逐渐发明了拳击。最初，拳击是为了保护人们生命财产而产生的一种格斗手段。有记载表明，它有5000多年的历史。在《英国大不列颠百科全书》就有"公元前40世纪，幼发拉底和底格里斯两河流域发现拳击的遗迹"的记载。古埃及人用象形文字记载了拳击用的护具"皮绷带"。后来大约在公元前17世纪，拳击运动经过地中海的克里克岛传播到古希腊。公元前5世纪在爱琴海岸发掘的一对磁瓶上，有两人相互攻防的拳击图案。在希腊神话中，传说雅典王子赛希阿斯（公元前1000年）就通晓拳术，曾玩过这种拳击。在美索不达米亚的考古发掘中，也发现了1700年以前拳击活动的遗迹。

自从古罗马皇帝西奥多雷斯下令禁止拳击后，4个多世纪的时间里拳坛几乎寂寞一片。主要原因是由于人们对古罗马拳击的粗野影响难以忘怀；另一方面因为欧洲各地时兴骑马斗剑，马上技术抑制了拳击的发展。骑士体育是属于统治阶级和贵族的，而且必须是基督徒。但是作为一种自卫技术、娱乐活动，拳击在民间仍然不断地流行着，但是遗憾的是，民众并不能公开进行比赛。

公元8世纪的时候，奥斯曼大帝执政，法庭制定了一种新制度："斗审"。就是在审判中遇到疑难案件，命令诉讼双方进行决斗，胜利者获胜诉。如果是贵族间的诉讼，就接贵族习俗骑马、穿护身甲

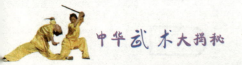

爱琴海海岸风景

胄进行斗剑；而平民间的诉讼，则以拳击决胜负。从此，拳击比赛在平民百姓中广泛地流传了，受到了很大的青睐。

公元1200年间，传教士圣倍纳丁看到当时许多青年在斗剑中丧生的悲剧，深感比赛中残忍不堪，于是后来设法推行拳击代替斗剑。

从此便废止了古罗马拳击的野蛮方法，提倡赤手拳击，使之升华为以锻炼身体为原则的体育活动。圣倍纳丁在意大利的西纳开设了一所拳击训练学校，亲自担任教练，并主持拳赛，执行裁判工作。在赛程中遇有可能发生危险的紧急关头，他会及时命令停止比赛，以防止不必要的伤害事故发生。这种改良的拳击，逐渐在青年中流行起来。圣倍纳丁一生始终热衷于拳击运动，也正是他使得中断了几个世纪的拳击东山再起，圣倍纳丁在拳击史上做出了不可磨灭的贡献。

16世纪的时候，拳击运动有了新的发展方向，它越过了多巴海峡，传播到了英国。17世纪末期，拳击在英国复兴起来。公元18世纪初，在英国出现了有奖的拳击比赛。1719年产生了被称为现代拳击始祖的第一位英国拳击冠军詹姆斯·菲格（1695—1734年），并把冠军保持了11年之久，他有"无敌将军"的美称，菲格的拳击是没有

古罗马一景

防护的徒手的"生死"型格斗。詹姆斯·菲格创立了世界上最早的拳击学校，因此，这里成为了培养英国拳击运动员的摇篮。

通常，人们把拳击称为"艺术化的搏斗"。在进行比赛的时候，拳击运动员双方通过两只拳头的对抗，进行体能、技术和心理的较量。拳击竞技的具体表现形式，是两人在正方形的绳围比赛场地中，戴着特制的柔软手套，按一定的规则和技术要求，进行攻防对抗。攻防的武器只能是戴上特制手套的两只拳头，攻防的目标只限于对方腰髋以上的身体部位。

在比赛规则方面，拳击也有自己的独特之处。在国际业余拳联自1997年开始实行的新规则中，规

多巴海峡

定业余拳击比赛实行5个回合制，每个回合打2分钟，回合间休息1分钟；职业拳击比赛一般是实行10～12回合制，回合中间休息1分钟。业余拳击比赛主要靠技术得分来判定胜负，所用拳击手套大而且厚，比赛时运动员要穿背心、短裤、软底拳鞋、戴护头盔。职业拳击比赛主要靠强烈攻击或将对方击倒判定胜负，被击倒一方如果在10秒钟内不能站立起来恢复比赛，就判对方获胜；比赛时职业拳手的手套小而且薄，赤裸上身、头部不戴头盔进行比赛。职业拳击比赛设有17个级别，而业余拳击比赛仅仅设有12个级别。

此外，人们一直对拳击有不同的看法，这也正是拳击的另一个独特之处。拳击是人对人的竞技项目，因而比赛时表现出来的打和被打以及产生的伤害后果，特别是职业拳击中被打倒不能站起的场面，在许多人的思想上产生极大的异议。这也正是为何人们呼吁取消拳击比赛的原因。

拳击是最复杂的竞技运动之一，它需要肌肉的强大爆发力，需要完善的技术和战术。比赛时面对瞬息万变的赛场情况，要求运动员能在极短的时间内准确地了解对方的基本状况，同时还要迅速作出相应的判断并采取相应的行动，利用强有力的身体和娴熟的技术、多变的战术进行攻击和防守。拳击不但对其爱好者和拳击运动员的身体素质和心理素质提出了很高的要求，而且，对增强拳击爱好者和拳击运动员的身心健康具有极大的锻炼价值，正是这些原因，才使得拳击运动具有十分优秀的特点。

◆ 散 手

散手又可以叫做断手、散打、实作等。散手是拳术各项训练的总

拳击比赛

称，是拳术锻炼的综合体现，就其原始意义来讲，乃是不附加任何条件的徒手搏击。

散手运动（指竞技散手运动）是武术的一种表现形式。现阶段散手运动中拳的打法，无论与国际任何一种搏击运动相比都既无观赏性，又无实用性。其次是腿、踢的技术。散手中的摔法来源于中国式摔跤，是散手区别于其他世界各国任何一种搏击运动的唯一特征。中国式摔跤所有招法在散手中几乎全能用上。除此之外，几十年的积累我们又发明了适应散手运动发展的摔法——接腿快摔，这一发明将散手运动推向了一个新的起点。其实

作为一种运动，我们追求的就是一种境界，一种高水平的角逐，给人一种紧张、激烈、技术性、观赏性极高的同时，又能使人观后精神和灵魂为之震撼，继而升华为一种顽强向上、勇敢奋进、百折不挠的精神投入到各行各业中，产生积极向上和社会效益。而现阶段，由于人们并不给与散打一定的重视，所以无法突出它的特性，就达不到这种良好的效果，也就失去了散手运

动的魅力，这就需要我们必须确定标准，加强规范，真正形成散手运动自己的一套拳腿，漂亮实用，形成摔法规范新颖的技术风格。

散打在古代被称为相搏、手搏、技击等。换句话说，散打就是两人徒手面对面地打斗。散打是中国武术一个主要的表现形式，以踢、打、摔、拿四大技法为主要进攻手段。另外，还有防守、步法等技术。1979年散手在我国成为竞技的比赛项目。在80厘米高、8米见方的擂台上进行比赛。散手比赛允许使用踢、打、摔等各种武术流派中的技法，不允许使用擒拿，不许攻击喉、裆等要害部位；运动员分体重、穿护具在相同的条件下平等

散　手

竞争。在对敌斗争中这些界限就没有了，军警对敌斗争就专寻对手的要害部位击打。使用的招法也比较凶狠，杀伤力较大。

散打被誉为中华武术的精华，是具有独特民族风格的体育项目，多年来在民间流传发展，深受人民喜爱。散打起源与发展，是和中华民族悠久历史同步。它从先辈的生产劳动，生存斗争缘起，但又服务于此，演化至今成为华夏民族灿烂文化遗产中的瑰宝。原始社会人类为了争取自下而上、猎取食物，长期与野兽搏斗，学会了与野兽搏斗所使用的不同方法。如：拳打、脚踢、抱摔等简单的散打技术，并学会了一些野兽猎取食物的本领，如：猫扑、狗闪、虎跳、鹰翻等。在春秋战国时期，散打得到了很大的发展，被人们推崇。

散打具有极强的攻防作用，有攻必有防，攻防是一对矛盾体，在散打中双方总想办法击中对手，而不被对手击中，运动员总是在这种条件下进行训练的。经过长期训练运动员掌握了散打技术，遇敌而不慌，与敌方突然袭击的一瞬间能迅速地做出相应的防守动作。妇女掌握几种散打技术，可以作为防身之用，因为妇女生性娇弱，容易受恶人欺凌、受邪恶威胁，妇女在与歹徒搏斗的关键时刻突然使用擒拿或攻击歹徒要害处能化险为夷脱离险境。公安人员和武警战士、保卫人员等掌握一些散打技术，对保卫人员生命安全，维护国家财产，打击犯罪分子，对他们使用铁的手腕能起到圈套的作用。散打是一项对抗性很强的运动，练习散打能培养机智、顽强、勇敢、灵活、果断等意志品质。此外，散打除了起到格斗、防身的作用以外，还有其强身

散　手

健体的作用，因此，散打运动员通过训练使得体格非常健壮。

◆ **李小龙截拳道**

　　李小龙创立的截拳道是融合世界各种武术精华的全方位自由搏击术。"截"是截击、阻截，"拳"是拳法，"道"是道路、风格，"截拳道"意思就是阻击对手来拳之法，或截击对手来拳之道。截拳道倡导搏击的高度自由。李小龙截拳道抛弃传统形式，忠诚地表达自我。"以无法为有法，以无限为有限"是截拳道的纲领和要义。它将东西方哲学理念运用于武术，是一种搏击指导和方法论。

　　李小龙创造的截拳道功夫是一种新型实战技击术，并且在世界武

坛上独树一帜。李小龙早年曾跟随咏春拳名师叶问系统地学习了咏春拳，赴美后在不断的技击实践中结合了跆拳道的腿法以及其他一些门派的特点，提出"以无法为有法，以无限为有限"的开拓性拳理，致力于追求武术的根本，技法直接而简捷，没有形式，被后人称之为截拳道。

正如李小龙本人对截拳道的解

释一样：截拳道是没有形式的拳道，它没有门派之分，他所谓的"截拳道"只不过是为了便于称呼的名谓而已，但它却顺应任何门派，因为截拳道蕴涵着其它门派的精技，并择用任何门派的技法去全力以赴，从而重创对手。截拳道的悟得应籍由直观之心，坚强的意志力和克制力获得。由一代宗师李小龙所创立武道哲学——截拳道，在世界武坛上独树一帜。

李小龙是伟大的武术技击家、武术哲学家、武术革命家、功夫电影开创者、著名武打演员。众所周知，李小龙宗师本名叫李振藩，"李小龙"只是他在香港拍电影做童星时起的艺名。因此，从在西

李小龙与叶问合影

李小龙塑像

雅图开设第一间武馆起，李小龙便用自己的本名将武馆命名"振藩国术馆"，把自己传授给学生的武术体系命名"藩功夫"，中华民族的传人威震藩邦、扬威海外之意。振藩功夫，又叫振藩国术、振藩拳法，后期又称做"振藩拳道"（实际上已是创立初期的截拳道）。

由于李小龙是一位求真务实，不断开拓进取的武术家，旅居美国的12年中，始终坚持一边自己研究、锻炼、提高，一边将不断发展进化的武术体系传授给学生。因此，振藩功夫不是一个一成不变的武术体系，而是一个不断发展进化，不断自我完善的，生机勃勃

的武道哲艺进程。创立之初的"振藩"功夫主要是经李小龙改进的咏春拳技术（当时尚传授小念头、寻桥、标指等咏春拳套路，以及单、双黏手、木人桩等训练内容）、中国南北两派的一些拳法精华和三节棍、长棍、长枪等传统兵器；中后期的"振藩功夫"，又有了很大改变，废除了咏春传统套路，而保留了咏春实战精华散手和黏手、木人

美国旧金山

桩等训练内容，在咏春拳原有的定步黏手基础上又增加了活步黏手，并进一步丰富和充实了木人桩技法。同时，开始广泛吸收拳击、击剑、空手道、跆拳道、泰拳和柔道等世界流派武技之精华，实际上，已是发展和完善了的"振藩"与创立初期的"截拳道"的混合体。

由于李小龙的武道哲艺进程是一个连续不断、密不可分的过程，因此，在"振藩功夫"与"截拳道"之间，并没有一道二分明显的分界线。1964年8月，在美国加州旧金山，李小龙由于坚持传授异族学员中国武术（振藩功夫），受到当地保守的国术界的最后通牒，被迫接受挑战，与一名来自香港的华人武师黄泽文恶战一场。两人各使传统武术，交起手来均感打得十分别扭。李小龙虽经硬拼顽强取胜，却赢得很不痛快。一场本应几秒钟便结束的战斗，却拖拖沓沓打了几十秒钟才将对手"搞掂"。这远不是他理想中快打速胜的结果。　这场比武，导致李小龙对传统武术的套路技术深刻彻底地反思，最终抛弃了套路，创造出无固定技术动作、无套路形式的"截拳道"。与此同时，李小龙还邀出席了1964年度长堤"国际空手道锦标大赛"，并结识了"美国空手道之父"埃德·帕克、"美国跆拳道之父"李俊九、"空手道擂台悍将"罗礼士、"菲律宾魔杖大师"伊鲁

山度、柔术大师威利·杰伊、"美国柔道之父"吉恩·勒贝尔等一大批武坛顶尖的名家高手，与他们互相交流、切磋、学习，大大丰富了自己的武术体系，为"截拳道"的诞生铺平了道路。　在"截拳道"创立初期，考虑到其武术与哲学体系尚未发展完善，李小龙并没有马上向自己的学生及外界公开这一名称，而是仍把它称做"振藩功夫"或"振藩拳道"，直至3年以后的1967年，"截拳道"才被正式宣布

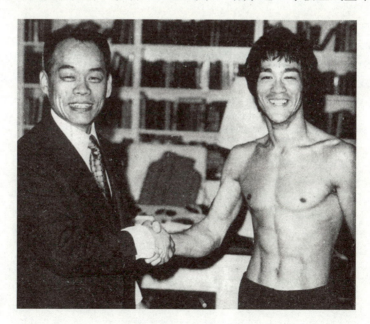

李小龙和李俊九合影

诞生。

截拳道的宗旨是"以无法为有法，以无限为有限"，指引人走向自我解放的自由之路。李小龙认为，"截拳道就是武道哲学"，而绝非一种武术门派，截拳道首先是武术观及方法论，其哲学化语境尤其明显。而李小龙遗孀莲达夫人在其文章《什么是"振藩截拳道"》中则认为，李小龙终身所学习及教授之一切哲学思想、强身训练方法及技击术，均包含于"振藩截拳道"体系，因此于1996年，由李小龙女儿李香凝及莲达夫人的建议下，于美国成立振藩截拳道核心，由莲达夫人、李香凝、木村武之大师、黄锦铭等十多位李小龙嫡系弟子组成，以"振藩截拳道"为法律保护的注册名称维护李小龙思想之真涵，以及与世界上一切自称为"截拳道"之"门派"完全区别开来。

第二章

武当真彩

　　中国是中华武术的发源地，历来受到世界其他国家人民的崇拜，因而中国武术的发展经久不衰、源远流长。武术具有极其广泛的群众基础，是中国人民在长期的社会实践中不断积累和丰富起来的一项宝贵的文化遗产。

　　道教是中国固有的一种宗教，距今已有1800余年的历史。它的教义与中华本土文化紧密相连，深深扎根于中华沃土之中，具有鲜明的中国特色，并对中华文化的各个层面产生了深远影响。武当派作为中国三大教派之一，在武术界的发展也是独具一格的。

　　武当山，又名太和山、玄岳山，是中国著名的道教圣地，"武当"之名取自"非真武不足当之"，相传道教信奉的"真武大帝"就是在此得道升天。从此，武当派开始蓬勃发展，武当功夫弘扬天下。武当教义深得人心，不但有练武防身的作用，还有一定的健身养生价值。因此，武当派功夫遍传天下。

话说武当山

位于湖北省丹江口市西南部的武当山，是我国著名的道教圣地之一。武当山自然景观奇特绚丽，人文景观也十分丰富多彩。景区面积

武当山风景

古称"方圆八百里"，现有312平方千米。东接历史名城襄樊市，西靠车城十堰市，南依原始森林神农架林区，北临大型人工淡水湖丹江口水库。可以说，武当山无与伦比的美，是自然美与人文美高度和谐的统一，因此被誉为"亘古无双胜境，天下第一仙山"。

武当山，作为国家重点风景名胜区、4A级旅游区、全国武术之乡、全国八大避地之暑胜一，其古建筑群被列入《世界文化遗产名录》，并先后荣获"全国文明风景名胜区"称号和"全国文明风景旅

武当山风景

游区示范点"称号。2009年，武当山入选中国世界纪录协会中国道教第一山。

武当山高峰林立，天柱峰海拔1612米。武当山山体四周低下，中央呈块状突起，多由古生代千枚岩、板岩和片岩构成，局部有花岗岩。岩层节理发育，并有沿旧断层线不断上升的迹象，形成许多悬崖峭壁的断层崖地貌。山地两侧多陷落盆地，如房县盆地、郧县盆地等。气候温暖湿润，年降水量900～1200毫米，多集中夏季，为湖北省暴雨中心之一。原生植被属北亚热带常绿阔叶、落叶阔叶混合林，次生林为针阔混交林和针叶林，主要有松、杉、桦、栎等。药用植物有400多种，产曼陀罗花、金钗、王龙芝、猴结、九仙子、天麻、田七等名贵药材。武当山有七十二峰、三十六岩、二十四涧、十一洞、三潭、九泉、十池、九井、十石、九台等胜景，风景名胜区以天柱峰为中心有上、下十八盘等险道及"七十二峰朝大顶"和"金殿叠影"等。

武当山的胜景有箭镞林立的72峰、绝壁深悬的36岩、激湍飞流的24涧、云腾雾蒸的11洞、玄妙奇特的10石9台等。主峰天柱峰，海拔1612米，被誉为"一柱擎天"，四周群峰向主峰倾斜，形成"万山来朝"的奇观。因此，武当山是著名的山岳风景旅游胜地。此外，武当山还有"天然药库"之称。武当山的药用植物丰富，在《本草纲目》记载的1800多种中草药中，武当山就有400多种。据1985年药用植物普查结果，已知全山有药材617种。

武当山古建筑群规模宏大，气势雄伟。据统计，唐至清代共建庙宇500多处，庙房20000余间，明代达到鼎盛，历代皇帝都把武当山道

紫霄宫俯视图

场作为皇室家庙来修建。明永乐年间，大建武当，史有"北建故宫，南建武当"之说，共建成9宫、9观、36庵堂、72岩庙、39桥、12亭等33座道教建筑群，面积达160万平方米。明嘉靖三十一年（1552年）又进行扩建，形成"五里一庵十里宫，丹墙翠瓦望玲珑。楼台隐映金银气，林岫回环画镜中"的建筑奇观，达到"仙山琼阁"的意境。现存较完好的古建筑有129处，庙房1182间，犹如我国古代建筑成就的展览。金殿、紫霄宫、"治世玄岳"石牌坊、南岩宫、玉虚宫遗址分别于1961年、1982年、1988年、1996年、2001年被列为

孙思邈像

国家重点文物保护单位。除古建筑外，武当山尚存珍贵文物7400多件，尤以道教文物著称于世，故被誉为"道教文物宝库"。

武当山被世人尊称为"仙山""道山"。《太和山志》记载"武当"的含义源于"非真武不足当之"，意谓武当乃中国道教敬奉的"玄天真武大帝"（亦称真武帝）的发迹圣地。因此，千百年来，武当山作为道教福地、神仙居所而名扬天下。历朝历代慕名朝山进香、隐居修道者不计其数，相传东周尹喜，汉时马明生、阴长生，魏晋南北朝陶弘景、谢允，唐朝孙思邈、吕洞宾、姚简，五代时陈抟，宋时胡道玄，元时叶希真、刘道明、张守清均在此修炼。

武当派的起源

武当派在明代开始兴起，张三丰当时在湖北均县武当山创立了武当派、武当道。武当派以供奉真武大帝为主神。武当和少林同称武林

武当山风景

的泰山北斗。

武当派除了传播道家教义之外，其武学方面则讲究以柔克刚，借力打力，以气息悠长见胜。太极拳特点是形神合一，用意不用力；太极剑的妙谛是圆转如意，绵绵不绝。武当派功夫讲究养气，不以外家劲力见长，而是注重内功的修养，初始修炼进境稍缓，而越到后来进步越快，兼且利用"四两拨千斤"和三丰真人自悟的道家冲虚圆通之理在各家各派中占据了最高的地位，几乎掩盖了盛名传了数百年的少林寺。

其实，武当山在明代以前早已是道教的活动圣地。汉魏以前就传说有不少羽客、隐士在此隐居修炼，南朝刘宋时的刘虬，就解官辟谷于武当，晋太康中（280—290年）有谢道通辞官入道，西上武当于石室中结茅修炼，唐太宗时姚简曾为武当节度，后已隐居武当，五代宋初的陈抟已曾隐居武当，诵《易》于武当五龙观，又隐居武当九室岩服气辟谷二十余年之久，元代有法师叶希真、刘道明、华洞真等任武当提点（即道官），元末，武当山遭兵焚，至明，特别是明成祖朱棣，明英宗朱祁镇崇奉"真武"之神，曾命工部侍郎郭进、隆平侯张信等督丁夫三十余万人，费银计百万，历时七年，大修武当山宫殿，共建成八宫二观及金殿、紫禁城等，并赐名"太和太岳山"。明成祖朱棣还问张三丰"吾欲学道，谁最乐者"，三丰对答："食美嗜，遗通利，极乐事。"后又为成祖疗病，深得成祖信服，于是，张三丰名声名大振，武当山由此大兴，并不断发展壮大。张三丰元时曾于河南鹿邑太清宫学道，熟读经书，曾至陕西宝鸡金台观学得养生延命之术，明洪武后又至湖北均县武当山玉虚宫五边树结茅庵修炼，修炼内丹大法，如武当内家拳，内丹睡功，阴阳调息功，筑基功等，

朱棣画像

他创立的武当道最大特点是：一是　　而改称"玄武"，为北方七宿即
以崇拜"真武大帝"为主神，"真　　斗、牛、女、虚、危、室、壁等七
武大帝"即"玄武大帝"，因避讳　　星的合称，以其形似龟蛇，故名

"玄武"，其地位崇高而稳定，又为我国古代所崇奉的北方之神，亦为道教所供奉，更为武当派崇拜。二是重习三丰武当内家拳技。张三丰内家拳取道家以静制动，融合道教内丹炼养、无为、虚静、柔弱、自然于武术中，形成贵柔尚意的独特风格，实为内丹气功与武术的融合，晚后的太极拳、八卦掌、形意拳等均是从武当内家拳演绎发展而成的。三是武当派主张三教合一，以"道"为三教共同之源，认为道统生天地人物，含阴阳动静之机，具造化玄微之妙，统无极，生太极，是万物的根本、本始和主宰，并强调：儒离此道不成儒，佛离此道不成佛，仙离此道不成仙、四是重内丹丹法，主张性命双修，强调要修仙道，先全人道，又主张大道以修心炼性为首，认为"未炼还丹先炼性，未修大药且修心，心修自然丹信至，性清自然药材生。"又强调"药"分内外，认为"内药是精，外药是炁，内药养性，外药养命"。而后炼精化炁，炼炁化神，炼神还虚，最终还虚而合仙道。张三丰开创武当派主要丹法著作有《金丹直指》《金丹秘诀》等。

武当派创始人

张三丰是元、明时代著名的道士，生活时间跨越南宋、蒙元和明朝三个朝代（1247—1458年），是武当派创使人。

张三丰，名通，又名全一，字君实（亦作"君宝"），号玄玄子，经考证得字子冲南宋淳祐七年（1247年）生于蒙古帝国统治的

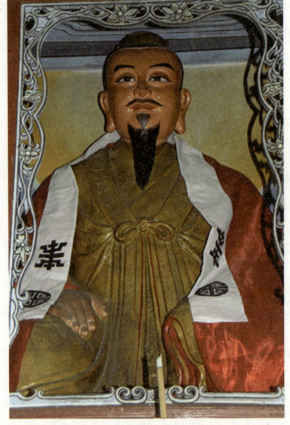

张三丰像

君实、居宝、昆阳、保和容忍三丰子、喇闼、邋遢张仙人、蹯仙等诸多名号。游宝鸡山中，有三山峰，挺秀仓润可喜，因号三丰子。也有因"丰"字和"丰"的简体字同形而错称为"张三丰"。对于他的生辰籍贯也是有争议的，一般认为他是元朝末年、明朝初年的武当山道士，或作全一真人。

辽东懿州。还有一种说法是"南召县"。但经考证张三丰生于福建省邵武府（今福建南平邵武和平镇坎下村），以其不修边幅，人称张邋遢。在各种张三丰的传记或有关他的材料里，还有全式、玄玄、三佯、三峰、三丰遯老、通、玄一、

据道教界推测，其活动时期约由元延佑（1314—1320年）年间到明永乐十五年（1417年）。传说其丰姿魁伟，大耳圆目，须髯如戟。

无论寒暑，只一衲一蓑，一餐能食升斗，或数日一食，或数月不食，事能前知，游止无恒。居宝鸡金台观时，曾死而复活，道徒称其为"阳神出游"。入明，自称"大元遗老"，时隐时现，行踪莫测。洪武二十四年（1391年）朝廷觅之不得。永乐年间，成祖遣使屡访皆不遇。天顺三年（1459年）诏封通微显化真人。张三丰认为古今仅正邪两教，所谓儒、释、道三教仅为创始人之不同，实则"牟尼、孔、老皆名曰道"，而"修己利人，其趋一也"，又称"一阴一阳之谓道，修道者修此阴阳之道也，一阴一阳一性一命而已矣"，《中庸》云：修道之谓教。三教圣人皆本此道以立其教也"。他还认为："玄学以功德为体，金丹为用，而后可以成仙。"后人编有《张三丰先生全集》，收入《道藏辑要》。

据《古今太极拳谱及源流阐秘》李师融先生的考证，三丰卒年应在明代天顺二年，即公元1458年，其寿为212岁。从诸多的资料分析，确是证实了张三丰的生卒考，确实是享年212岁。也是非常罕见，历史上少有的超长寿，所以令人刮目相视。

至正初，张三丰返故里扫墓，年已过百岁。复入燕京，昔日故交皆已过世。西山得遇邱道人相叙道，乃知邱为早年相遇之高士。别后复至秦蜀，又游荆楚之吴越，侨寓金陵，传道沈万三。后仍入秦，居金台观。至正十九年，张三丰离别金陵时预知沈万三有发配边疆之祸，遂叮嘱曰："东西王气正旺，今后我们会在西南相会。"至正十九年九月二十日阳神出游，弟子杨轨山以为羽化，置棺收殓，适阳神回归。三丰念轨山朴实善良，遂携其隐去。后二年，元朝数尽，明主未立，张三丰又结庵武当山。时

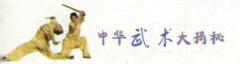

张三丰铜像

已一百二十余岁。居武当搜奇揽胜，见遍山宫观皆毁于兵火，乃言"此山异日必大兴"。遂领道众将各处宫观废墟一一清理，草创庙观以延香火。时授高足有邱元清、卢秋云、刘古泉、杨善澄、周真德、孙碧云等。张守清也得与三丰相交，结为道友。

洪武十七年至十八年间，朱元璋两度诏请三丰入京，皆避而不见。洪武二十三年，张三丰离开武当复作云游。洪武二十五年，张三丰遁入云南。这时，沈万三因得罪朱元璋，遂被治罪全家发配云南。在云南恰遇张三丰，正应"日后当于西南会面"之说。张三丰遂沈万三天元服食大药，夫妻得服遂白日飞升。永乐十年，成祖朱棣调集军民工匠三十余万众，经十年，建成八宫、二观、三十六庵堂、七十二岩庙等庞大工程建筑。其时三丰混迹于民众之中，朱棣派人屡访不遇。据《张三丰外传》的记载，说在1418年春，永乐帝特意驱车去拜望张三丰，三丰不在，有兴而来，扫兴而归。永乐初，朱棣又命侍读学士胡广诏访三丰，岂料胡广在武当与三丰遇而不识。永乐帝勃然大怒，于是命令一个叫胡广的人去招寻张三丰，如招寻不到，则要处死胡广。朱棣怒斥胡广寻三丰不力，胡广再访武当，于武当祈祷，望三丰先生能念其诚苦应诏回京，终见三丰。此时三丰年已167岁。传说张三丰当时应太上老君邀请参加群仙会，

正驾云头前往，过武当遂感胡广之祈祷，于是按落云头，降于胡广面前，对其言："你且回京见驾，言我即去便是，不必多虑。"胡广便策马回京。跨年还得京师，才知到三丰先生早于前在金殿与永乐会得一面。此即为"金殿飞升"之说。

朱元璋

此时三丰年已169岁。当时还有一种传说，说张三丰能飞身入宫、遁身而归，这些都不足为信。但有一点还是真实的，张三丰曾书字一函，令弟子孙碧云向永乐帝禀告，告之以具体的长生之道。因为皇帝都非常希望长寿，这也近乎常理。

清乾隆十一年《南召县志》卷二中有这样记载：南召县太山庙乡口子河里有"张三丰故里石碑"一通，碑后有其草庵遗址。1917年此处立"张三丰初居此地，而道成于天宝观"石碑一通。由于张三丰的神名噪起，明朝皇帝又给他三个赐号。即明英宗赐他为"通微显化真人"；明宪宗特封为"韬光尚志真仙"；明世宗赠封他为"清虚元妙真君"。史书记载张三丰龟形鹤背，大耳圆目，须髯如戟，寒来暑往仅一纳衣，雨雪天气蓑衣着身。1258年，宗教界爆发了中国历史上规模最大的一次佛道大辩论。蒙古大汗蒙哥亲临主持，嵩山少林寺长老福裕和全真教高道张志敬分别率队参加舌战，结果道教遭到惨败。从此，道教日渐衰沉。但一个世纪后，张三丰在武当山创立一个新的道派——

明世宗朱厚熜

三丰派，掀起了中国道教发展史上的最后一波，并成为武当武功的创立者。

对于武当派创始人张三丰创立的武当派的内家拳派的诞生过程也是有一定的争议的。

首先第一种说法认为：张三丰是北宋末年武当山的道士，徽宗召他入京，道遇贼人，梦中元帝授其拳法，次日张三丰孤身杀贼百余人，遂创立内家拳派。

其次还有传说认为：张三丰源出少林、精通少林精髓五拳十八式，将其统纳于十段棉长拳之中，变战斗搏击之法为御敌防卫之法，风格遂与少林大为不同，因此别树一帜，开创武当门派，又称内家。

张三丰武功深不可测，他以自悟的拳理结合道家冲虚圆通之道，创出了辉映后世、照耀千古的武当派武功，被誉为不世出的奇人，堪称武林一代宗师。

他不仅是武当内家拳的祖师，也是太极拳的始祖。内家拳又分太极、八卦、形意、太成诸门，而以太极门为主。武当武功有"五不传"之戒，即"柔骨质脆，心险，好斗，狂酒，轻露"者，不可传。

张三丰画像

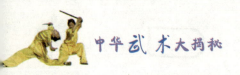
武当派的发展历史

根据明末清初黄宗羲的《王征南墓志铭》记载，认为武当派由宋人张三丰所创立。据说张三丰原本是北宋末年武当山的道士，徽宗召他入京，不幸的是，在半路上遇到了贼人，梦中元帝授其拳法，次日

黄宗羲画像

张三丰孤身杀贼百余人，于是创立了内家拳派。

还有一种传说，认为张三丰源出少林、精通少林精髓五拳十八式，将其统纳于十段棉长拳之中，变战斗搏击之法为御敌防卫之法，风格遂与少林大为不同、因此别树一帜、开创武当门派；又称内家。十年功成，声誉大振、又传出太极、形意、八卦等支派。金庸的武侠小说《倚天屠龙记》写到武当开派、便采用了这种说法，说张三丰本名张君宝，为少林火工头陀觉远和尚的徒弟、师徒因违犯少林不准擅自学武的禁令，被赶了出来，后来他根据少林功法而变通，于是后来创武当派。

武当派的正式流传，大约开始于明代。武当山虽在唐代就开始建造道观，但真正的黄金时期却是在明代。

"一柱擎天"

明成祖朱棣登基，推崇武当道教，调集民工30万人；用了13年时间，在武当山修建了33处建筑群，号称八宫、二观、三十六庵堂、七十二岩庙、十二祠、十二亭、三十九桥等，绵延140华里，建筑格局均依经书上的真武修仙故事，由工部设计而成。至今武当山紫霄宫正殿梁上仍有大明永乐十一年（1413年）、十二年圣王御驾敕建的字迹。三天门绝壁上则有"一柱擎天"四个大字，蔚为壮观。天柱峰顶太和宫又称金殿，殿中供奉张三丰铜铸鎏金坐像。武当道教的黄金时代从这时开始，武当的武术门派，也是在这个黄金时代中产生的。

据《王征南墓志铭》，最早传授内家拳见于记载的是陕西人王宗、王宗传温州陈州同，到张松溪手里遂蔚为大观，张松溪，正德元年（1506年）前后生于温州，明光宗泰昌元年（1620年）左右卒于贵州玉屏。张松溪自称得张三丰真传，为武当派第三代传人。他后来游历江湖，又得峨眉真传，创立武当松溪派内家拳。传说曾有少林僧70人慕名而不服，上门挑战，松溪袖手安坐，兀然不动，一僧忽从半空跃起，施展连环腿法，想要以少林绝技破其气功。松溪仍是平心静气，只在少林僧攻势将至的一霎那，微微侧身抬手，少林僧便如断线风筝般忽然失了去势，飞出窗外，落在高楼之下。从此武当拳法，无人不服。

张松溪之后，武当派人才济济。产生了一大批武林高手。他们是：叶继美、吴昆山、周云泉、单思南、阵贞石、孙继嗟、李天目、徐岱岳、余时仲、吴七郎、陈茂宏、卢绍歧、董扶舆、夏枝溪、柴元明、姚石门、僧耳、僧尾等人。

武当的支派有松溪派、淮河派、神剑派、轶松派、龙门派、功家南派等，又有玄武派、北派太极门等。至于太极拳、形意拳、八卦拳等，因其出自道家，人们常常将它们归入武当派，也有人认为它们自成体系的。

总之，武当和少林一样，最初是以地域来命多拳系，到了后来便大大超出地域的范围，武当派并不只是在武当山，正如少林并不只是在少林寺一样，它代表了一大批具有类似特点，如主静、主柔、出自玄门道教的武动派系，是一个广泛的概念。

武当派的武术流派

武当武术始于明代，流传至今，繁衍出众多派别。这些派别分别为：松溪派、淮河派、犹龙派、神剑派、轶松派、龙门派、功家南派、玄武派、北派太极门、白绵门等。

至于太极拳、形意拳、八卦拳等拳法，因为出自道家，人们常常将它们归入武当派，也有人认为它们自成体系。

◆ 龙门派

龙门派是全真道分衍的支派之一。它承袭全真教法，处于道教衰落的明清时代。

该派尊全真七子之一的邱处机为祖师。尊邱处机弟子赵道坚为创派宗师。赵道坚（1163—1221年），原名九古，祖籍檀州（今河北密云），父任平凉府同知时，徙居平凉（今属甘肃）。李志常《长

邱处机长春真人像

随行弟子之一。途经一年余，于1221年五月渡陆局河，七月越阿不罕山，十一月至赛兰城。道坚谓尹志平曰："我随师在宣德时，觉有长往之兆，颇倦行。后尝蒙师训，道人不以死生动心，不以苦乐介怀，所适无不可。今归期将至，公等善事父师。"数日示疾而逝。邱处机命门弟子葬九古于东郭原上。观上述赵道坚行谊及其所处的时代背景，他似无创立龙门派的行为和打算；而龙门派以之为宗主者，恐系出于依托。

春真人西游记》载其事，《终南山祖庭仙真内传》列有其传。金大定十七年（1177年）入道，十九年，师马钰于华亭（今属甘肃）。二十年，马钰还终南，命其往龙门山师事邱处机，易名道坚。元太祖十四年（1219年），处机应成吉思汗之诏赴西域，选赵道坚从行，为十八据《钵鉴》《金盖心灯》等所记，赵道坚下传第二代律师为张德纯，号碧芝，河南洛阳人。元皇庆元年（1312年）受教，隐华山，元至正二十七年（1367年）以教付陈通微，不知所终。

第三代律师陈通微，号冲夷子，山东东昌（今聊城）人，原为正一派道士，受教后，周游各地多年，隐入青城山，于明洪武二十年（1387年）以戒法传周玄朴。第四代律师周玄朴，号大拙，陕西西安人，受教后，仍居青城。明景泰元年（1450年）以后他适，不知所终。

此后，龙门派第五代分张静定

王屋山一景

和沈静圆两支传播。张静定，号无我子，浙江余杭人，受教后，还隐天台，于嘉靖元年（1522年）以教传赵真嵩。第六代律师赵真嵩，号复阳子，山东琅琊人，于天台受教后，隐王屋山，后传法与第七代律师王常月，于崇祯元年（1628年）逝世。

另一第五代宗师沈静圆，号顿空氏，江苏句容人，正统十四年（1449年）受教，隐浙江金盖山，成化元年（1465年）以教授卫真定，后无人见之者。第六代宗师卫真定，号平阳子，浙江嘉兴人，受教后，云游各地，至于蜀，传法与第七代宗师沈常敬，传说卒于清顺

治二年（1645年），住世205岁。

以上第一代赵道坚为上托的开教祖师，第二代张德纯活到元末，其事迹难以全部凭信，第三代以后进入明代。据此，明代实为龙门派的肇建时期。在那个时期中，徒众甚少，还未形成独立道派。如第四代律师周玄朴于洪武二十年（1387

王常月画像

年）受教，其传记曰："是时玄门零落，有志之士，皆全身避咎。师隐青城，不履尘世五十余年，面壁内观，不以教相有为之事累心，弟子数人，皆不以阐教为事，律门几致湮没。"第五代宗师沈静圆于明天顺三年（1459年）至金盖山，挂单于书隐楼，亦发出："慨仙踪之不振，吊逸绪之无承"的浩叹，而"有终焉志"其后，终明之世，不见起色。

明至清初，形势有所变化。清

白云观

统治者为了笼络汉人，在顺治康熙雍正三朝，实行较为宽松的宗教政策，为道教的发展提供了较好的政治条件。加上当时民族矛盾尖锐，使一批怀着国破家亡之痛，又耻于剃发易服的明遗民，不愿事清，而愿隐居山林或遁入佛道，为道教的

复兴扩大了道士来源。在上述情况下，龙门派第七代律师王常月从华山北上京师，挂单于灵佑宫，不久移住白云观，在那里传戒收徒，方使龙门派一度获得复兴，一改明代衰落的旧观。

自清初王常月先后在北京白云

金台观

观，以及南京、杭州、湖州、武当山等地传戒收徒以后，龙门派确有很大的发展。发展中心在江、浙，遍及全国许多省区。尤以顺治、康熙、雍正、乾隆、嘉庆几朝为最盛。其间支派繁衍，不少支系更流传至近现代。因此它是中国封建社会后期最昌盛的道教派别，几乎成为全真道的代表。其盛况与佛教禅宗五家中的临济宗相类似，故世有"临济、龙门半天下"之说。

◆ **犹龙派**

犹龙派为全真道支派，又称隐派或隐仙派，为元明间张三丰真人所创。据说张三丰之丹法出自陈抟，陈抟传麻衣道者李和，麻衣道者传火龙真人，火龙真人传张三丰。

张三丰，元末明初人。其名字、籍贯、履历，各家记载不一，传说甚多。据明傅维麟《明书》卷

一百六十《异散传》载，张三丰，名君实，字玄一，号玄玄，自号三丰子。辽东义州人。他常衣一衲，行经街市，乡村，旁若无人。论三教经书，吐辞滚滚。或三五日，两三月，始一食。登山，其行如飞。元末居陕西宝鸡金台观。一日辞世而逝，后复生，乃入蜀抵秦，游襄邓，往来长安，历陇岷甘肃。洪武初，入武当，登天柱峰。使弟子丘玄清住五龙宫，卢秋云住南岩宫，刘古泉、杨善登（或作澄）住紫霄宫，自结草庐于展旗峰北曰遇真观，营草庵于土城曰会仙馆，令弟子周真得守之。洪武二十三年（1390年）拂袖长往，不知所之。明年，太祖遣道士访求，不得。永乐间，成祖又多次派人诏请，亦不获。英宗天顺三年（1459年），封其为"通微显化真人"，宪宗成化二十二年（1486年），加封"韬光尚志真仙"。张三丰虽传有若干弟

子，但生前并未组建道派。宗奉他的道派，由其信仰者组成。据清李西月《张三丰先生全集·道派》，该派称名隐仙派，一称隐派或独犹龙派。并谓张三丰承火龙真人，火龙师麻衣垂先生李和，麻衣师陈抟，陈抟师文始真人尹喜。至陈抟时，又兼得少阳派刘海蟾之传，合老子门下文始、少阳二派而为一。此说荒诞之处甚多，但张三丰曾受陈抟一系的思想影响，或许接近事实。此派形成时间虽不可考，但明清民国时期确有此派承传。《诸真宗派总簿》记有多个宗祖张三丰的道派。有自然派、三丰祖师自然派、三丰派、三丰祖师日新派、日

恒　山

新派、三丰祖师蓬莱派等八个。三丰派最初兴起于湖北武当山，随着武当道的远播，遂在其他地区分衍出更多的小支派，上述各派反映了这个事实。

◆ 恒山派

五岳剑派中的一个门派，位于恒山见性峰，有佛学渊源。嵩山派欲将五岳剑派合而为一，恒山派掌门定闲师太坚决不从，结果在侧霞岭、水月庵两处遭伏击，差点全军覆没。定闲师太被岳不群暗害，弥留之际，请令狐冲接掌恒山。令狐冲相助恒山派脱离险厄后退位，由仪清掌理恒山门户。

◆ 邓家武功

明宣德年间（1426—1436年），武当山上隐居着一个姓邓的道人，就是目前有根可寻的邓家功法的最早传授人。其功法在

传授中有首特殊的戒规："传本家不传异姓，传儿子（包括儿媳）不传女儿。"邓钟山为邓家第九代传人。邓的性格与祖辈不大相同，他好周游，但是，邓钟山遵守家规，对慕名求学者一律拒之不授。然而求教者中有数十人仍是真心所问，多年如一日殷勤服侍邓钟山。有个年长邓钟山十余岁的山东蓬莱武士

左宗棠像

李家年，对邓更有十二分殷勤。李家年唯一的要求，就是希望邓钟山能收自己的第六个称子——李老六为嫡传弟子。精诚所至，金石为开。由于众人的一片诚心，加之邓钟山做功已成"整身"，无从配偶，故膝下无子。至此，邓钟山方才打破森严的家规，决定开创一个独特的门派，取名为——武当"功家南派"。

清代光绪七年（1882年）冬，邓钟山先生应当朝两江总督左宗棠之聘，从湖北武当山来江宁府传艺。他开办学堂于仓巷桥（在江宁县境内），教弟子百余人，令其早晚练武，白日习文。据李松如回忆：邓钟山先生在仓巷桥所教授的百余名弟子中，武艺突出的有钟老八、杨拐子、姚中源等人。

◆ **功家南派**

（1）黄春燕

黄春燕，清道光年间江苏扬州人。祖上世代为书香门弟，并多有中状元或秀才者。其父黄彪曾做过文官，后因不满当政腐败，便愤然辞官返乡。黄春燕因随母亲来无锡迎接黄彪，中途出游太湖，遭强盗拦劫，而幸遇游侠赵石城相救，同时腐烂"练得高技可惩恶伸张"，便随赵石城同往江宁（今南京），拜邓钟山为师，被邓师定为截止当"功家南派"的嫡传开首弟子（即第一代传人），从而练就了一身高超的武技。黄春燕后与赵石城结为夫妻，生有一子，取名邓继侠。

（2）赵石城

赵石城，清道光年间山东蓬莱人，其祖上代代习武。赵石城自幼得自家传，年少之时即习得一身好武艺。十六岁时便独身行侠江湖，遇不平之事则仗义相助。后又拜其舅父邓名贵山为师，入武当功家南派并被定为嫡传开首弟子，从而如

虎添翼。

（3）邓继侠

邓继侠，武当"功家南派"嫡传二世弟子。山东蓬莱人氏。其父母赵石城、黄春燕皆为武当"功家面派"的嫡传一世弟子。邓继侠自幼便随父母练"圈内"武功，深得全盘嫡传精奥。

（4）李义侠、李燕侠

李义侠、李燕侠，武当"功家南派"嫡传二世弟子。江宁（南京）人氏，为兄妹二人。他俩自出生后即被赵石城、黄春燕作为义子收养，并定为武当"功家南派"嫡传二世弟子，尽传"圈内"武功。通过十八年的勤学苦练，终于大功告成。从此"江南双侠"之名风靡一时。

山东蓬莱

（5）李松如、李钟奇

李松如、李钟奇，武当"功家南派"嫡传二世弟子。李松如（李老六之长子）系山东蓬莱人氏，清光绪年间人。李钟奇（李老六之北子）系河南人氏，清光绪年间人。他俩自幼得李老六真传，世称真为"武坛隐叟""武坛二老"。

◆ 玄武派

玄武派是武当山最为古老的一个派系，因为，武当山供奉的是玄武神，为此，最早建立的门派为玄武，武当山原名太和山，参上山，为火山，玄武神为水神，唯水能克火，此山有"非真武而不足当之"之意，故改名"武当山"。随着玄武神的显赫，武当山的知名度也就越来越大，而后便成了玄武神的代名，甚至取代了玄武神的知名度。为此，在"玄武派"传至第十二代时武当山又诞生了"武当派"，此时武当山大量的道人都皈依于"武当派"，"玄武派"从此断传。此后武当山高道倍出，从而又出现了如"武当清微派""新武当派""武当榔梅派""武当三丰派"等十几个派系。而今唯武当三丰派得以传承，其它门派均无传人。

武当山人称"仙室"，是中国道教的发源地之一，为中原道教的活动中心，为此中道教各教派诞生之后均相继传入武当，至使武当为成为了一个多派系同修的场所。

改革开放以后，宗教政策得到了落实，武当各派也恢复了传承，为了使各派系能在武当和蔼相处、共同发展，同时也是便于武当道教协会的总一管理，1989年9月9日，武当道教协会经研究决定，恢复"武当玄武派"（因玄武派是一个很古老的门派，玄武神不是一个派的祖师，而是中国道教的四方之神，天地定位之神，一个很古老的神，是武当道教的鼻祖，是中国道教各派都能供奉的主神），将各派归纳于一派统一管理，当时距分派辈的方法是，武当玄武派承接原第十二代，继第十三代为承接的第一代，武当道教开放后，来武当山出家的第一代教徒（1985年12月30以前为第一代）为玄武派第十三代弟子，第二代（1968年正月初一至1989年12月30日为第二代）为玄武派第十四代弟子，再后五年一代排列，由武当道教协会统一收徒。

而今，武当"玄武派""武当三丰派"是武当山诸多派系得以传承的本山派系。

钟云龙道长是宗教开放后武当道教协会第一批前来出家的教徒，为

玄武神铜像

此，钟云龙道既是"武当三丰派"第十四代传人（道号：清微），又是武当玄武派第十三代"通"字辈传人，道名："钟通微"。

◆ 白锦门

白锦门系清初白锦道长所开创，其武技源自明嘉靖年间的陈州同。历经8代，现已传至佐门大师兄禄月，并掌有"武当白锦门秘宗武技"资料。以六种硬功和两种拳术为最。一般有两种打法：一曰直，二曰曲。直法是吸气贯力，一击可使人立受重创；曲法则不然，以柔力克之，被击者在20天以后，方觉已受内伤，且觉愈来愈重。

武当派主要功法及兵器

◆ 武当派拳法介绍

1. 原式太极拳

原式太极拳法最初出自我们中华民族的老祖宗轩辕黄帝。他根据蛇和喜鹊相斗的形态而创出此拳法。中国道教邋遢派所传老拳谱上有这么一段话："黄帝隅行于坡前，看见蛇鹊相斗紧相连。鹊攻尾，首来救。鹊攻首，尾相援。鹊攻中，首尾连。黄帝一见非隅然，从此留下太极拳。"老拳谱上记载着各种拳势动作的形成过程及创编人和创编的时间地点。还记载着演变出的多种拳法，如吕洞宾祖师创编的"吕式太极拳"，陈抟老祖创编的"华山太极拳"等。

张三丰祖师1324年到武当山，调神九载，道始成，人称邋遢道人，自成一派，被后人称为道教邋遢派。他综合前人的成果，创编成为有动、有静，有快、有慢，有刚、有柔，既有养生、又有技击的系统完整的原始太极拳法。该法被道教邋遢派尊为主要功法，从此在道教内部代代秘密相传，世俗难以问津。

辛亥革命后，娥眉道人高虎臣

在北京哈德门外火神庙住持，曾收了几个俗家弟子，原始太极拳法始流入社会。可惜原始太极拳法老拳谱在"文化大革命"中被毁。

1998年，道教邋遢派功法第八代掌门人，正一清微派第十六代传人骆巨方道长鉴于老拳谱的无处找，为不使此拳法失传，根据恩师安声远道长的传授，回忆整理出了"原始太极拳法"新拳谱。

老拳谱由动、静、快、慢四个

峨眉道人——高虎臣

部分组成。新拳谱在编排时删去了一些重复动作，在次序上又作了一些必要的调整，将其整理成动、静、快三个部分。动部原有十三个动作组成，称前十三式。整理时删去了几个技击动作，增加了几个养生动作，成为系统完整的养生功法之一，取名"九转还阳功法"，仍有十三组动作。快部是一套技击性很强的功法，练起来不但速度快，而且是纯刚，也有十三组动作组成，称后十三式。慢部老拳谱上只有一组动作，叫做"仙人跨鹤拜四方"。这次整理时，把它作为静部的收势。

老拳谱中的静部是原始太极拳法的主体，现由骆巨方道长整理编成二百零二个动作。

（一）动部：又名十三式，练时以意运气，使周身百颏皆通。

（二）静部：是技击的主要部分。

（三）快部：也称后十三式，共十二套动作。练时发劲要猛、暴、脆、快、硬。

（四）慢部：也称拜四方，要求以形挂意，以意行气，以气试力。达到意气相聚，运功发力的意到、气到、力到的内三合。

原式太极拳的特点分三个方面：

（一）在劲力上要求刚柔相济。主张只柔不刚则不坚，只刚不柔则不圆，刚柔相济才完全。

（二）在拳速上要求快慢相兼。主张只快不慢则不轻，只慢不快则不精，快慢合方为灵。进而做到刚而不僵，柔而不弱，快而不乱，慢而不滞。

（三）技击上主张引进落空，以静制动。但更强调看其神，观手足，乘虚而入，见隙发招。

2. 云房太极拳

武当云房太极拳属于武当道教

一派，拳法高深莫测，正宗武当太极拳法，历史源远流长，武当云房太极拳武当太极拳是祖师张三丰经过整理内家拳法时所创的，武当太极拳讲究"拳打卧牛之地"，基本上两米方圆足以施展，其中除螺旋缠丝外，另有九宫、八卦的内容。武当云房太极拳的要诀就是：拳随心境，舒展绵长，恢宏大气，容万物于心，武当太极拳以柔克刚、以静制动，后发先至，能四两拨千斤。不但是强身健体还可以防身自卫，武当太极拳结合有练精化气、练气化神、练神还虚，还虚合道的道教气功功法，开人智慧、发人体能，使人延年益寿、长生久世，是

云房太极拳

一种集武术与养生一体，上乘的拳法。

太极拳的练习过程分三个阶段：首先练形、然后练气、最后练神。其内含功法主要有：吐纳导引功、外气采补功、混元站桩功。其动作以崩履、挤、按、采、列、肘、靠为主，在应用中随、连、粘、贴，连绵不断、行云流水。演练太极拳要求虚灵顶静、含胸拔背、沉肩坠肘，动作舒展，做到神形俱妙。武当太极拳动静结合、内外相含，是内外双修的至宝，是人体性命的源泉。

武当云房太极拳歌诀：

云房太极，武当道传，方丈之地，室内演练，凝神一志，万念皆捐，

吐唯细细，纳则绵绵，升降开合，法乎自然。进退反侧，循环无端。

基本要求，有一二三：尾闾百会，垂直一线；蹲身下坐，二腿平面。

臀膝踵联，三角等边。悬顶顺项，坠肘沉肩，平目抵腭，拔背含胸。

封裆合膝，提肛收臀。腰旋胯转，掌凹指分，三尖六合，五位八门。

一三六式，式式相承，共分三段，段段均匀。蛇缠雀啄，鹤立猫行。

鹰旋熊坐，虎扑龙吞，内运脏腑，外壮骨筋。弧行圈走，流水行云。

官骸得养，肢体轻灵。勤习勿间，日久功成。腰腿常健，松柏长青。

专气致柔，返老还婴。

3. 武当纯阳拳

纯阳拳，上应合天文之象，合乎自然进化之道，以无极而生太极，以八卦自然之象而出五行阴阳

纯阳武术属武当龙门一脉，传为纯阳真人吕洞宾所创，是道家养生、健体、御敌的内家拳法。其拳理上应阴阳五行之理，下行方圆八卦之象，取自然之态成天人合一之形。自古到今，在道门内为单传秘授。后经纯阳拳二十二代宗师刘理航先生传于武昌人氏汪兆辉，为纯阳拳二十四代传人，后汪兆辉86年在全国武术大赛上演示纯阳拳获得金狮奖，始将纯阳拳展示在世人面前。

武当纯阳拳法

武当纯阳拳以三十二字拳歌全面的叙述了它的风格特点及其运用所在，拳法的基本理论"三圆六部九字归一法"，是纯阳拳法在运用中的风格特点，从而达到修心养性防身自卫的目的。拳歌有云："风吹荷花，左右摇摆。飞云流水，穿连不断。踩步悬足，运气养性。慢劲快打，环套八法。"既是行拳指要，又是养生指南。

变化之数；中洞悉人体经脉、气血运行之法，五脏六腑阴阳互根之理；下穷地利四时之气，五谷而生，青山不老，绿水长流，用其自然之道，运其自然之厢，动其自然之势，还其自然之童体，是谓纯阳。它集中国传统文化之开山巨著《易经》，以及《内经》、《灵》、《素》五行应象学说之精典，融会贯通成道家的上乘遗风。

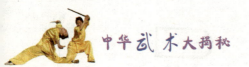

"武当一黄庭，纯阳三分技"，其技之一亦"武当纯阳拳"。武当纯阳拳相传为道教北五祖吕洞宾传留，故称"纯阳拳"。

武当纯阳拳首以修身养性为宗，次以"三捷五合"为要。三捷，即手捷、身捷、步捷。五合：心与意合、意与气合、气与力合、力与势合、势与打合。具备三捷五合，可得势应其手。

武当纯阳拳讲究"三圆六部九字归一"。三圆：穿连手圆，屈腿步圆，旋转腰圆。六部：即肩、肘、腕、胯、膝、踝六大关节部位。九字：即行拳走架之中体现"心、意、气、力、动、活、沉、柔、灵"。

武当纯阳拳拳诀：风吹荷花，左右摇摆；飞云流水，穿连不断；踩步悬足，运气养性；慢劲快打，环套八法。风吹荷花，左右摇摆，寓行拳风格尽显清虚洁静之身；飞云流水，穿连不断，表行拳走架之风格形象。踩步悬足，运气养性，指此拳运气养性之宗旨；慢劲快打，环套八法，说明此拳内劲充盈，发力迅疾，出手快捷，拳法尽含旋转、穿翻、缠绕、滚化等"八法"。

需要特别说明的是，习练武当纯阳拳要掌握"基础练习十六法"，又称"纯阳走步十六诀"。纯阳拳击一代宗师刘理航先生曾言，纯阳拳术易学但身法难练，故而基础十六法是步入掌握纯阳拳术入门的重要方法。

纯阳走步十六诀为：一圆搂抱在丹田，两仪阴阳左右间；三才穿翻闪腰背，四象进退摆扣连；五行内外手中成，六合各节转动真；七星布成北斗阵，八卦九宫定乾坤。阴阳日月圈成手，涵光垂帘随心构；分合卷莲风摆轮，子午归圆双封成；内缠外绕自成法，走步圈手

纯阳家。昔日真人授予吾学，白云深处道德歌。

武当纯阳拳以三十二字拳歌全面的叙述了它的风格特点及其运用所在，拳法的基本理论"三圆六部九字归一法"，是纯阳拳法在运用中的风格特点，从而达到修心养性防身自卫的目的。拳歌有云："风吹荷花，左右摇摆。飞云流水，穿连不断。踩步悬足，运气养性。慢劲快打，环套八法。"既是行拳指要，又是养生指南。所谓"风吹荷花，左右摇摆"，显示了拳术的轻灵、柔活、飘然、无拘无束的自然景观。"飞云流水，穿连不断"，要求行拳的圆活流畅、匀称不滞，无断续之处，无棱角之点。如云之腾飞，如水之潺潺，无规则的相互穿越，连络不断，川流不息。"踩步悬足，运气养性"，古人效仿白鹤灵龟两种长寿动物的特征，精奥的运用于拳法之中，"踩步"即行

拳走步，轻灵飘然，如同白鹤高飞之势，神情之中具有虚灵飘柔之感。用以而吸气，称为"精益玄鹤展翅飞"。"悬足"则是以"龟背鹤膝"为要旨。"龟背"有着含胸拔背，气沉丹田的作用。"鹤膝"是一腿悬起，一腿独立于地，酷似白鹤独立之势，以增强两腿内力及气血的流畅，是为"含胸拔背气沉丹田"以呼气而为之。这种轻灵走步为之吸，龟背鹤膝势沉而呼的演练结果，使气顺能够固守下焦，不使气上浮逆于胸间。两腿长期配合沉气的锻炼，达到上虚下实的结果。从而酿造健康长寿之道。在这些运动作用下，又隐有慢劲快打，以显露拳术技击防身的作用。所谓"慢劲快打"，慢劲即指内劲，纯阳拳在整个运动中，贯穿着三种运动劲力的发放方法，一曰神劲，二曰内劲，三曰明劲。

4. 武当蛇形剑

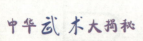

武当蛇形剑

极，剑似蛇形的显著特点。其步法左旋右转，环转无端似行云流水；其剑法似金蛇狂舞，点刺挂撩，穿抹云扫，变幻莫测。其动作刚柔相济，缓急相兼，时而快若闪电，时而缓若行云，轻灵圆活，显得尤为潇洒、飘逸。

蛇形剑演练起来气势奔放激越，势势相承如长河急泻滔滔不绝，环环相扣似行云流水连绵不断。演练中时而单手撩换，时而双手云扫，许多剑法都是在急速的旋转绕行和翻转拧裹中完成，往往形成一势多圆，曲折回环，起伏跌宕的奇特效果。前人有歌赞曰："翻天兮惊飞鸟，滚地兮不沾尘。一击之间，漫若轻风不见剑；万变之中，但见剑光不见人。"

龟蛇是武当道教的奉祀神灵，也是传说中玄武神的象征。蛇形剑是武当剑术中的精华，它是一路鲜为人知的内家象形剑术套路，千百年来只在武林中秘传。

蛇形剑具有步走八卦，腰如太

5. 武当分筋错骨缠龙手

分筋错骨缠龙手是擒拿法的古称。以前有错骨法和分筋法之分，现在统统归类于擒拿法。擒拿法最适合单对单，或多对单，类似警察抓逃犯比较合适，属于制服法，不适合一对多。这世界上也没有什么武术"保证"能一对多。不要相信电影，电影里都是一个一个接着上，没有一拥而上的打法，因为这样主角就没法打了。一对多，用武器最方便，甩棍、短棍、匕首都有用，但是比较难练习，而且容易伤人。是大擒拿的一种，利用对人体骨骼的了解而拆卸敌人关节的一种技巧，和中医学中的接骨是反面利用法。

分筋错骨缠龙手又称"沾衣十八跌"，是武当紫霄派玄真神剑门历代秘传绝技之一。是由本门开门祖师。明朝成化年间武当紫霄宫玄真道士、江湖圈内称为"玄剑神掌"的玄剑子元贞道长所创。笔者自幼随祖父李文明、叔祖父李文仲修习玄剑武技，略知斯技玄妙，现遵师命整理出来，供玄剑武技爱好者参修。

缠龙手讲求内外双修、六合归一、抓拿化打。缠困锁闭。具有三盘困锁、九节缠拿、搭手即跌。分筋错骨的搏杀功效。由于它专门控制敌之十八大关节，而自身十八大关节又可处处拿人，所以又形象地称之为"沾衣十八跌"，它既非人们所说的十八种跌拿手法，亦非十八种地躺跌摔动作。它是在内功、内劲训练的基础上，综合运用化打合一、缠拿锁扣等技巧而形成的一系列实战技击方法。缠龙手没有套路，只有内功训练。内劲训练、操手训练、缠手训练等练功方法。此功看似简单易学，但却易学难精，只有经过较长时间的艰苦训练，才能领悟到缠龙手技击的玄妙神奇。

◆ 武当著名剑、刀、枪术介绍

1．真武剑：张三丰少年中年在江湖上扫荡群魔所用，形式奇古，锋锐无比。

2．白龙剑：陆菲青所用，曲折如意，相当于软剑。

3．凝碧剑：利器，武当叛徒"火手判官"张召重所用。

4．武当剑：武当剑是武当派中武当拳械的极具代表性剑法，也是我国优秀传统器械武功。据云传自武当，乃祖师洞玄真人张三丰受真武大帝之大法，为护道降魔而钥此剑术。赵宋时徽宗诏之，因北方多匪，道路阴梗而不能进，祖师以剑飞击之，群盗尽被歼灭。故此武

真武剑

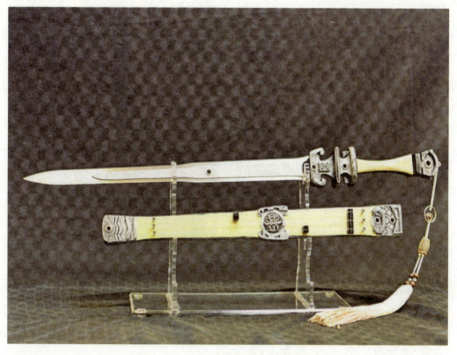

白虹剑

当剑术同名于天下得以"天下第一剑"之美称。

5. 白虹剑：白虹剑又名南太极剑或纯阳剑。白虹剑主要以静制动，后发先制的战术来和对手较技。它动作古朴无华，技击性强，讲究"手前一尺下功夫"。重粘接，忌舞花，应敌时多为粘接伤手。 此剑适用范围甚广，有刃即为剑无刃既为鞭。故一竹片，一枝条，一短棍即可为用。因此，它又不失为习武者防守身自际的有效武器。

6. 六合刀：六合刀是从形意传统套路——六合拳中变化出来。形意拳的前身曾叫"心意六合拳""六合拳"，是指一拳种的名称。六合刀是其师吕瑞芳先生所

传，该刀属六合拳中的短兵器共36
势，此刀朴实无华，简洁明快，势
势劲力浑厚，气势逼人，实用性极
强，习至纯熟刀随身换，刀人合
一，随意变化，至今此刀已不多
见。

7．六合枪：六合枪是传统枪
术之一。枪法以拦、拿、扎、为
主，动作简洁明快，枪法丰富攻守
变化都在瞬息之间，演练起来动作
优美能给人以美的享受。六合枪的
六合分为内三合、外三合，内三
合为"精气神"，外三合"腰手
眼"。

铁橄榄

第三章

少林雄風

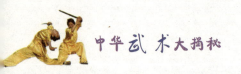
　　少林寺是少林武术的发源地，也是我国佛教禅宗祖庭，是我国颇负盛名的寺院，被称为"天下第一名刹"。因此，少林寺的威名享誉国内外。

　　少林寺建造于北魏时期，至今已经有一千五百年的历史了，兴于隋唐。唐初，秦王李世民在讨伐王世充的征战中，少林寺和尚13人因助战有功，受到李世民的封赏。由于朝廷的大力支持，少林寺发展很快，成为驰名中外的大佛寺，获得"天下第一名刹"的称号。元代少林寺"众常两千"，明代是少林寺的鼎盛时期。从清朝末年以后，少林寺逐渐衰落。特别是1928年军阀混战，石友三放火烧毁了少林寺，主要建筑和寺内珍藏的经黄、文物全部被付诸一炬。新中国成立后，少林寺经过整修，焕然一新。

　　历史在变迁，但是在这滔滔如水、延绵不绝的历史长河里，如今的少林寺依然保持着往日一般的雄风，赫然挺立在世界武林之中。少林武术博大精深，是中国武术的精华，也是中国武术的灵魂，少林武术将在中国乃至全世界发扬光大。

话说少林寺

少林寺位于中国河南省郑州市登封的嵩山，是少林武术的发源地，禅宗祖庭，由于其坐落嵩山的腹地少室山下的茂密丛林中，所以取名"少林寺"。少林寺在唐朝时期，享有盛名，以禅宗和武术并称于世。民国时期被军阀石友三几乎焚毁殆尽。除了河南郑州嵩山少林

少林寺一景

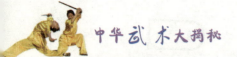

菩提达摩石刻

寺之外，经考据后证明在历史上曾出现过位于福建的少林寺，被称为"南少林"。关于南少林所处地点，共有莆田少林寺、泉州南少林寺、福清少林寺三种说法。

少林寺，又名僧人寺，有"禅宗祖廷，天下第一名刹"之誉；是中国汉传佛教禅宗祖庭，位于河南郑州市登封城西少室山。南北朝时，天竺僧人菩提大师达摩到中国，善好禅法，颇得北魏孝文帝礼遇。太和二十年（496年），敕就少室山为佛陀立寺，供给衣食。寺处少室山林中，故名少林。据佛教传说，禅宗初祖菩提达摩在华以4卷《楞伽经》教授学者，后渡江北上，于寺内面壁九年，传法慧可。此后少林禅法师承不绝，传播海内外。北周建德三年（574年）武帝禁佛，寺宇被毁。大象年间重建，易名陟岵寺，召惠远、洪遵等120人住寺内，名"菩萨僧"。隋代大兴佛教，敕令复少林之名，赐柏谷坞良田百顷，成为北方一大禅寺。唐初秦王李世民消灭王世充割据势力时，曾得到寺僧的援助，少林武僧遂名闻遐迩。高宗及武则天亦常驾临该寺，封赏优厚。唐会昌年间，武宗禁佛，少林寺大半被毁，迄唐末五代，寺渐衰颓。宋代略有修葺。元皇庆元年（1312年），世祖命福裕和尚住持少林，封赠为大司空开府仪同三司，统领嵩山所有寺院。一时中外僧众云集，演武礼佛，僧人有两千人左右。

元末农民起义，红巾军至少

地藏殿

林，僧众散逃。明代先后有八位皇子到寺内出家，屡次诏令大修，寺院规模有所发展。清代康熙、雍正、乾隆诸帝亦很关心少林寺，或亲书匾额，或巡游寺宇。1928年因遭兵燹，天王殿、大雄殿等许多建筑、佛像、法器被毁。寺内现存有山门、客堂、达摩亭、白衣殿、地藏殿及千佛殿等。千佛殿内有明代五百罗汉朝毗卢壁画。寺旁有始建于唐贞元七年（791年）的塔林，有塔220馀座，还有初祖庵、二祖庵，以及附近的唐法如塔、同光塔、五代法华塔、元代缘公塔等。寺内保存唐以来碑碣石刻甚多，重要的如《唐太宗赐少林教碑》《武则天诗书碑》《戒坛铭》《少林寺碑》《灵运禅师塔碑铭》《裕公和

初祖庵

尚碑》《息庵禅师道行碑》和近年建立的《日本大和尚宗道臣纪念碑》等。该寺近年来曾屡加修缮，使千年古刹重放异彩。现存建筑包括常住院及附近的塔林、初祖庵、二祖庵、少林寺达摩院等。

◆ 北少林

1．嵩山少林

少林即是现在的河南嵩山少林寺，位于登封市西北15公里处的嵩山下，因为此地环境清幽，周围俱是密密匝匝的树林，所以得名"少林寺"，意为"深藏于少室山下密林中的寺院"。少林寺始建于北魏年间，以佛教禅宗祖庭和少林武术的发源地而著称。

相传达摩祖师从海上经广州、

北少林一景

南京，然后"一苇渡江"来到嵩山，在少林寺广召信徒，弘扬佛法禅宗，从此确立了少林寺作为禅宗祖庭的地位。到了唐代，少林寺又因一段"十三棍僧救唐王"的故事而声名大振，在唐王的特许下，少林寺可以拥有僧兵，自成体系的少林武术于是成为中华武术的代表之一。因为有这两方面的原因，少林寺历来颇受重视，现在寺内各殿都有很多文物。其中最有价值的是寺中的壁画，最著名的有"十三棍僧救唐王""五百罗汉毗卢图"，色彩艳丽、构图和谐，衣袂飘飘，展示了唐代壁画的极高水准。

现在少林寺占地3万平方米，主要建筑有少林碑林、天王殿、山门、大雄宝殿、千佛殿、方丈室、

立雪亭

钟楼、鼓楼、立雪亭等。

2．天津少林

据《蓟县志》记载，北少林寺原名"法兴寺"，后又叫北少林禅寺，地处天津蓟县盘山东南麓"中盘"的开阔山坡上，始建于魏晋，至今已有1500年左右的历史，是蓟县县志记载的当地最早的佛教寺院，也是天津最早的寺院。

据史料记载，元朝时期，崇尚道教，元至元二十三年(公元1286年)，道教造云子派其徒张志格到处选择观址，最终选中了盘山。之后，道教一行人改名栖云观。元仁宗延佑二年(公元1315年)，元仁宗降旨将栖云观恢复为僧院，更名"北少林禅寺"。雪廷福裕禅师便教寺中的和尚修习少林武功。

明代奏赐北少林之额，明成化乙丑、嘉靖丁亥均有重修；清顺治九年，重修了多宝佛塔；康熙年间僧人本住对寺庙进行了修缮；乾隆

十年敕修大殿，并御书"弹指神趣"匾额。抗日战争时期，日军将盘山划作"无人区"，盘山多数寺庙毁于这一时期。建国后，少林寺划归官庄镇砖瓦窑村使用，村民陆续在寺庙基础上建房，使原有的平面遗迹遭到破坏。

1992年，北少林寺现存的山门基址、碑刻、古塔、摩崖石刻，被公布为天津市级 文物保护单位。

◆ 南少林

1．莆田少林

南少林是少林寺的最重要的分院，大量的资料显示其的确存在过，但却在清朝时因参与反清复明活动被清廷镇压了，是彻底焚毁还是改名换姓，至今尚被研究者争论。但可以确定的是：1、其的确存在；2、南少林在福建；3、它留下了不同于北少林的丰富武学。

在南少林的争论中，拥有最多

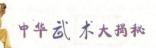

莆田少林

赞同者的是三座古寺，一为莆田少林寺，一为泉州少林寺，一为福清少林寺。

明朝时期有因倭寇侵扰，南少林曾派出僧兵在福建沿海抗击倭寇，因此后有武学回流一说，即明朝南少林武学回流给北少林。其中赞同南少林在莆田的专家学者高僧最多。

莆田南少林寺遗址位于福建莆田县西天尾镇九莲山林山村，距市区约17公里。嵩山少林寺第29代方丈大师，他根据先辈叮嘱，确定了莆田县林泉院即南少林寺，并赠送了"南少林就在福建莆田九莲山下"的亲笔题词。

九莲山中有座林泉院，始建于南朝陈永定元年（557年），至北宋嘉佑年间（1056—1063年），此寺已形成很盛的武风，成为我国东南沿海武术活动的中心。相传河南嵩山少林寺13武僧帮助唐太宗统一中国后，唐太宗赐于"僧兵"，并准许在全国各地建立十座分寺。据考，荔城区九莲山的林泉院，就是少林寺十座分寺中较早创建的分寺之一。因为规模宏大（占地约三万平方米），武风鼎盛，影响南中国，故称之为南少林寺。据考，该寺于清初被清兵焚毁。

1986年至1988年，原莆田县在文物普查中，发现了这座湮灭了几百年的寺院遗址，经过认真发掘，发现了5个刻有"僧兵"、"诸罗汉浴煎茶散"等文字的北宋石槽。据传，只有少林寺才能冠之以"僧兵"二字。（但这一说法被驳斥，泉州知名史学家—陈泗东反驳有关莆田"僧兵"的说法。他认为：凡是和尚组成的军队，皆称"僧

顾炎武石像

九华山一景

兵"。而僧兵不只少林寺独有，其他寺院也有。根据历史资料：在明顾炎武的《日知录》中记载，除少林寺有僧兵之外，许多地方在历史上都有出现过僧兵；而《梦观集》中也出现过泉州"僧兵"的记载。因此，"僧兵"不只少林寺独有，全国很多地方都有，泉州更多。况且，据嵩山少林寺碑文中记载，

"十三棍僧"救唐王之后，唐太宗只封给这些僧人以官衔，赐田地，颁布圣旨加以表扬，并没有特别叫少林寺组织僧兵，给予编制。据此，经国家文物局批准，1990年12月，福建省考古队对九莲山寺院遗址进行考古发掘，出土了"真觉大师 革佳 堤之塔、林泉院、天佑"唐代石刻和"长兴四年岁次癸巳正

月"等字样的南唐陶质鸱尾等珍贵的历史文物。

1992年4月25日，南少林遗址论证会暨重建莆田九莲山南少林寺新闻发布会在北京人民大会堂举行。1998年12月8日，九莲山南少林寺重建工程竣工，开始向海内外开放。

为了更好发展莆田南少林，

2007年莆田南少林寺恢复宗教活动。1986年，莆田市在西天尾镇北部层峦叠嶂中的九莲山麓发现一处古建筑遗址，以及五口建造于北宋年间的大型花岗岩石槽残碑、石柱等，学者们从石槽长226厘米、宽100厘米，槽旁刻有"诸罗汉浴煎茶散"字样，判断这是僧兵治疗伤病用的石槽，又从残碑、石柱上的

九莲山一景

"林泉院"、"寺山界"字样，最引人注目的是那口重达数千斤的宋代石槽，槽上刻有"当院僧兵永其佳其合共造石槽一口"，推测此遗址可能是南少林寺遗址。

九莲山南少林寺海拔500多米，地形酷似河南的山间盆地，居九华山脉中段，地势十分险要，是理想的兵家用武之地。山间盆南少林寺，并赠送了"南少林就在福建莆田九莲山下"的亲笔题词。现在，莆田南少林寺已初具规模，大雄宝殿、天王殿、钟鼓楼、山门以及赵朴初题额的"南少林"牌坊等，巍峨壮观，金碧辉煌。周围的古竹寺、霞梧院、九莲岩等大小寺院环绕着南少林寺，形成气势昂扬的寺院群落，重现了当年十方丛林的恢宏气度。唯一的遗憾是所有记载只是"林泉院"的痕迹，并无记载"少林寺"的字样，还是不能服众。

2．泉州南少林

因为莆田自设县时就隶属于南安郡（泉州），在清朝时又和泉

大雄宝殿

清源山一景

州隶属于兴泉永道，从民国到新中国后的几十年内一直是隶属泉州，所以有泉州的南少林之说。泉州的南少林最早见于《万年青》"白眉道人奉旨大破少林寺"。清末成书《少林拳术秘诀》称："斯时国内有两少林，一在中州，一在闽中"。唐豪考证认为：此"闽中"少林即泉州少林，从而奠定了泉州南少林的地位。早期看法认为：泉

州东禅院即南少林。始建于唐初的泉州少林寺虽历经沧桑，千年古刹史迹犹存，文献可稽。清咸丰六年(公元1856年)年间，东禅寺主持幻空曾手书"少林古迹"山门匾额，稍后又出现过"钦赐东禅少林寺"供案。泉州历史学会陈泗东据此认为："东禅寺有两个名称，一是正式的，名为镇国东禅寺……另一个是俗称，叫少林寺。"东禅寺即南

泉州少林寺一景

少林的说法在武术界产生了很大影响。

　　泉州是南少林武术的发祥地，武术活动历史悠久，它始晋唐，盛于两宋，至今枝繁叶茂，拳派远播，影响广泛。以南少林武术为代表的泉州武术文化是泉州优秀文化积淀的重要组成部分。南少林武术由五祖拳、太祖拳、白鹤拳、五梅花拳等拳种构成了独特而博大精深的拳术系统；是泉州历史文化的重要内涵，也是中华传统武术中的宝贵遗产。明清以来，它传播到东南亚、台湾、香港、澳门和琉球等地，成为泉州南少林武术的支派。南少林武术薪火相传，有极强的传统继承性和凝聚力，至今海内外人士寻根溯源，络绎不绝。泉州少林寺由嵩山少林寺分灯衍派，建于清源山麓，曾一度出现过"寺僧千人，陇田百顷，树林茂郁"的盛况。新中国成立以来，在党和政府的重视支持下，泉州广泛开展群众性武术活动，在继承传统的基础上，形成实力雄厚、独具特色的武术队伍。60年代泉州业余武术社成立，拳界耆宿纷起响应，气象为之一新。改革开放以来，泉州市武术协会应运而生，各门派传人齐集麾下，武术馆、武术学校遍布城乡，再现"泉南千载少林风"的盛况。目前全市已有5个区(市)被国家体委评为"武术之乡"；二十年来，世界各地众多武术团体和人士来泉寻根访友，并开展了双边的访问交流活动。泉州武术界与日本、菲律宾武术团体结为友好团体，并与四大洲的二十几个国家和地区的数十个武术团体建立了友好联系，为增进泉州与世界各国和各地区人民的传统友谊发挥了积极的作用。

3．福清少林寺

福清少林寺坐落在福清市东张镇新宁里肖林村。遗址寺院依山建成，有多座台阶，马厩、练功场、少林僧人墓葬等。寺前的石板桥刻有"少林院沙门谨募众缘，共发心德，舍造下洋石桥一间"石碑。宋，明历史皆有记载。1993年5月，专家们在《三山志》的福清县寺观中找到："新宁里，少林院。"紧接着，清朝乾隆年间钦定《四库全书》同样记载着"新宁里，少林院"。民国二十年版的《福清县全图在新宁里西北部位置上，也标注着"少林"。

福清少林寺历史悠久，源远流长，始建于唐代，毁于战乱。近年经考古工作者调查、考证和考古挖掘，在1993年6且4日，在福清市东张镇少林自然村，找到了少林寺遗址。又经福建省、福州市联合考

福清少林寺

古队对遗址进行考古发掘，出土大量珍贵文物，诸如遗址中发现"少林院""少林"等石刻铭文，以及石桥、石盂、石槽、石碾(药臼)、石碑、石础、石舂臼、石磨、石香炉、瓷器、钱币、铜镜，还有和尚墓塔等上千件文物，不胜枚举使少林寺遗址得到科学的验证。这一争论多年的历史悬案，终于有了圆满的答案。福清发现的少林寺遗址，史册记载之多，遗址规模之宏伟，遗迹结构之完整，遗物分布之广泛丰富，以及所显示的文化内涵与河南嵩山少林寺之相似，在福建都是仅见的。特别是经过省、市考古队对遗址进行考古发掘，无论在史证和物证两方面，与史籍记载相符的福建少林寺(史称南少林寺)。

这个重大成果已得到各界专家肯定。特别是嵩山少林寺三十三代法师、中国国际友好联络会理事、嵩山少林寺武术学校校长释永寿听说后，特地率团到福清考察少林寺遗址，经过七天的考察研究，他向外界郑重宣布，福清南少林寺的寺址无可置疑是名副其实的少林寺遗址。因此，我们有理由认为，中国南北两个少林寺是历史的事实，我们也有理由认为南少林寺在福清。

1944年11月，福建省宗教局和福州市政府先后批准福清市在遗址上重建南少林寺，福清市各界人士及海外华侨共集资5000万元人民币用于重建南少林寺。前不久，本人再到南少林一游，感受颇深。

南少林寺坐落于福清市西部闽中的崇山峻岭之中，寺院四面群山绵延，雄浑巍峨，一泓绿水环绕着上座座青山，密林深处，风吹草动山舞峰移、云烟拂拂、悠然飘逸。寺院座西朝东南，周围溪、涧、流、瀑、泉，清水汩汩，涌泉自出，构成了难得的秀水奇观。整座寺院依山起势、背倚着五老峰，也名"嵩山"，无论地形或山峦与河南嵩山如出一辙，令人称叹！寺前一溪横卧，迳流蜿蜒曲折，溪水清澈、晶晶莹莹，长流不涸。进入寺院，必先跨上长近二百米的铁索拉桥，人站在上面稍有摇晃之感，心境顿时豁然开朗。桥下是清澈如镜的湖面，把群山、寺院、绿荫映入水中。由于谷低，枕石漱流，清音潺潺，加之苍崖夹谷清泉长流，谷中常云蒸霞蔚，山色空蒙，时有紫气苒苒，神秘莫测。

少林功夫是汉族武术中体系最庞大的门派，武功套路高达七百种以上，又因以禅入武，习武修禅，又有"武术禅"之称。

少林派的起源

少林武术发源于嵩山少室山下丛林中的"少林寺"，该寺建于北魏孝文帝时期，根据《魏书》记载："又有西域沙门名跋陀，有道业，深为高祖所敬信。诏于少室山阴立少林寺而居之，公给衣供。"唐初，少林寺十三僧人因助秦王李世民讨伐王世充有功，受到唐朝封赏，而被特别认可设立常备僧兵，因而成就少林武术的发展。少林寺因武艺高超，享誉海内外，少林一词也成为汉族传统武术的象征之一，如古龙小说中的"七大门派"即为"少林、武当、昆仑、峨眉、点苍、华山、海南"等派别，其中少林即位居第一门派。

关于少林派的起源，据北宋《景德传灯录》等书所载，南北朝时，后魏孝文帝大和年间（477—499年），达摩大师从梁国北来，面壁于嵩山少林寺，历时九年而功成，遂传《易筋》《洗髓》二经，创立少林武术。这个说法，为多种典籍所载，唐代李靖又写了《易筋经序》。但考之史实，却不与历史相合，现代学者已经证明这不过是传说，被称为禅宗初祖的达摩也并没有这样的武功。

历史上，在达摩以前，北朝寺院的练武风气就已形成。北魏孝文帝太和十九年（495年）修建嵩山少林寺，最初是为西域高僧跋陀（又称佛陀）所建的。后来，达摩才来到寺中。达摩虽然创立了禅宗，却并非少林武术的创始人。事实上，少林武术是在长期的僧众习武中逐渐自发形成的。

少林武术的发扬光大，始于隋唐之际的一件大事。隋朝末年，天下大乱，少林寺被山贼所劫，僧众奋起拒敌，贼人放火烧毁寺院。秦王李世民与郑帝王世充作战，少林武僧应邀相助，活捉王仁则，逼降王世充，这就是著名的"十三棍僧

李世民画像

救唐王"，也是著名电影《少林寺》的历史原型。李世民即位后，对昙宗、志操、惠赐、善护、普惠、明嵩、灵宪、普胜、智守、道广、智兴、满、丰13人大加赏赐，少林寺再度兴旺起来，少林武术也开始繁荣发达，逐渐成为中原武林第一门派。

宋太祖赵匡胤据说也是少林俗家弟子。从宋到元，少林武术有了一个较大的发展。元代大圣紧那罗王传授少林棍法而自成一宗，福裕禅师汇集了少林短打，少林武术的特点日渐突出，到明代便形成了少林"以搏名天下"的威望。

明嘉靖二十三年（1553年），少林寺组织僧兵到江南抗倭，天启五年（1625年）树立"少林观武碑"，成为天下武林之宗。明代的著名武僧，有觉远上人、小山和尚、月空和尚、痛禅上人等，又有悟须、周友、周参、洪转、洪纪、

李连杰主演的电影——《少林寺》剧照

洪信、普从、普使、广按、宗擎、宗想、宗岱、道宗、道法、庆盘、庆余、同贺、铉清18人，皆为武林中的超一流高手。明代后朔、少林武术渐从以棍法为主转向拳法。又吸收了很多民间拳种，集天下武术之大成，形成少林派。

清代康熙年间（也有的说是雍正），朝廷曾因少林寺藏匿反清义士"谋逆"而将其焚毁，（并严禁民间练武，少林武术转入地下

抗倭名将俞大猷回传少林棍

状态，并由转入南少林的一支，据说创立了洪门。清代的少林名僧高手有铁斋、致善、致果、天虹、湛举、五枚、古轮、妙兴、贞绪、德根等。

宋太祖赵匡胤画像

少林派创始人

　　达摩，全称菩提达摩，南天竺人，婆罗门种姓，出家后倾心大乘佛法，自称佛传禅宗第二十八祖。中国禅宗的始祖，故中国的禅宗又称达摩宗。梁朝普通年中（520—526年，一说南朝宋末），达摩自印度航海来到广州，从这里北行至魏，到处以禅法教人。梁武帝信佛。达摩至南朝都城建业会梁武帝，面谈不契，遂一苇渡江。北上

盐城永宁寺

北魏都城洛阳，据说他在洛阳看见永宁寺宝塔建筑的精美，自言年已150岁，历游各国都不曾见过，于是"口唱南无，合掌连日"。后卓锡嵩山少林寺，面壁九年，传衣钵于慧可。后出禹门游化终身。

达摩抵魏，游嵩山少林寺，在那里独自修习禅定，时人称他为壁观婆罗门。有道育、慧可二沙门礼见达摩，并亲近和供养四、五年。达摩感觉他们真诚，传授以衣法。又把四卷《楞伽经》授与慧可说："我看中国人的根器于此经最为相宜，你能依此而行，即能出离世间。"

少林寺达摩祖师塑像

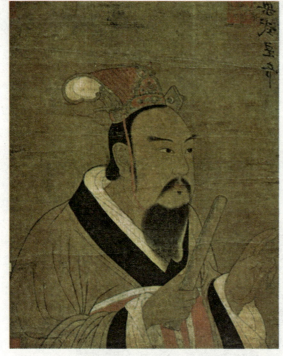

梁武帝画像

要明心见性，了解自己的心性，就可以成佛。经二祖慧可、三祖僧璨、四祖道信、五祖弘忍、六祖慧能等大力弘扬，终于一花五叶，盛开秘苑，成为中国佛教最大宗门，后人便尊达摩为中国禅宗初祖，尊少林寺为中国禅宗祖庭。

东魏天平三年（公元536年）卒于洛滨，葬熊耳山。

达摩在中国始传禅宗，"直指人心，见性成佛，不立文字，教外别传"。佛陀拈花微笑，迦叶会意，被认为是禅宗的开始。不立文字的意思是禅是脱离文字的，语言和文字只是描述万事万物的代号而已。这也是为什么慧能大字不认识一个，但是却通晓佛经的原因。只

历史上还流传下来不少关于达摩的故事，其中家喻户晓、为人乐道的有：一苇渡江、面壁九年，断臂立雪，只履西归等，这些美丽动人的故事，都表达了后人对达摩的敬仰和怀念之情。

达摩晚年的事迹，各传都未明确记载。后人传说他遇毒而逝，葬

熊耳山一景

于熊耳山（今河南宜阳县），但又传魏使宋云自西域回国时遇达摩于嵚岭。达摩手携只履翩翩独逝。所以又有"只履西归"的传说。

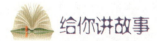 给你讲故事

达摩的故事

达摩到中国，正是当时的北魏时期。有一名国师叫菩提流支，很嫉妒达摩，多次加害都没有成功。他叫人在达摩的饭菜里下毒，达摩知道有

葱岭一景

毒，照吃不误。吃完后就从口中吐出一条毒蛇来。直到有一天，达摩祖师已经确立慧可为佛法的继承人，他才决定圆寂。

就在菩提流支第七次下毒害达摩，达摩才被毒死。他的弟子们将他用棺木安葬了。

也就在这一天，北魏的一个去西域的使臣宋云，走到葱岭一带，遇到达摩祖师，还与他问话："大师，您将法传给谁了？"

达摩祖师说："你以后会知道的。我要回印度去了。"又脱下自己的一只鞋给宋云说："你快点回去吧，你们的国王今天会死去。"

宋云回来后谈起此事，不相信达摩已死。于是众人打开棺木一看，里面只有一只鞋子。有人说，达摩祖师到中国来的时候已经有150岁。

少林派的发展历史

少林是中原武术中范围最广、历史最长、拳种最多的武术门派，以出于中岳嵩山少林寺而得名。少林武功起源于古代嵩山少林寺，并因而得名。嵩山少林寺位于河南省登封县嵩山少室五乳峰下。它创建于南北朝时期北魏太和十九年（公元495年），是孝文帝为安置印度

少室五乳峰一景

僧人跋陀前来嵩山落迹传教而建。

跋陀禅师主持少林寺后，四方学者闻风皆至，徒众数百。这样，大量的民间武术者都充当了少林寺的杂役。在跋陀主持少林寺时，就已经有一些会武术或其它技能的青少年子弟被剃度为少林寺小和尚了。像惠光和尚，十二岁时在洛阳城天街的井栏上反踢毽子，一口气能连续反踢五百次，跋陀感到很惊奇，就把他剃度为小和尚，作为自己的弟子。跋陀的弟子僧稠当小和尚时，体质羸弱，常受一些会武术的小和尚的戏弄，后来便发奋练武，居然练得拳捷骁武，体健身灵。跋陀禅师为创建少林寺，翻译佛经，传授佛法作出了巨大贡献，少林拳谱中还有跋陀传授方便铲和一路大刀的记载。

传说北魏孝明帝孝昌三年（公元527年），印度高僧达摩来到嵩山少林寺传授佛教的禅宗，面壁九年，静坐修心，被尊为中国佛教禅宗的初祖。当年达摩终日静坐，不免筋骨疲倦，又加上在深山老林，要防野兽和严寒酷暑的侵袭，在传经时，他发现好些弟子禅坐时间久了，昏昏欲睡，精神不振。为了驱倦、防兽、健身、护寺，达摩等人仿效我国古代劳动人民锻炼身体的各种动作，编成健身活动的"活身法"传授僧人，此即为"少林拳"的雏形。此外，达摩在空暇时间还练几手便用铲、棍、剑、杖等防盗护身的动作，后人称之为达摩铲、达摩杖、达摩剑，以后，他又吸取鸟、兽、虫、鱼飞翔、腾跃之姿，发展"活身法"，创造了一套动静结合的罗汉十八手。后来经过历代僧徒们长期演练、综合、充实、提高，逐步形成一套拳术，达百余种，武术上总称"少林拳"。其中起过重要作用的是元代少林派拳术大师白玉峰、觉远上人、李叟等人，他们精心研究少林拳法，注意拳法的整理和传授，将少林拳中的"罗汉十八手"发展为七十二手，以后又发展到一百七十三手，第一次系统地整理出一套少林拳法。

隋末唐初，少林寺方丈为了保护庙宇的安全，从寺僧中选出身强力壮、勇敢灵巧或善于拳击械斗者组织成一支专门队伍。最初，他们的任务是护寺，以后，寺僧参与了政治活动，寺养僧兵，形成武僧。客观形势要求武艺向精湛的技击方面发展，开始了有组织的、严格的僧兵训练，操练棍棒。每日晨光曦微，武僧们同起而习之，冬练三九，夏练三伏，长年不断刻苦练习武艺，对少林武术的发展提高起了很大的作用。

少林寺的不少文物是少林拳起源的历史见证，特别引人注目的是

少林寺一景

白衣殿内的"少林拳谱"壁画，描绘了当年少林寺和尚练拳习武的真实情景：宏伟的寺院，张灯结彩，三十个身著短装，精神奕奕的健壮武僧，分成十五对，在演练少林拳，拳打脚踢，栩栩如生。除了行拳图外，殿内还有寺僧演练器械、挥舞棍棒的壁画，南北两壁有少林武术的"锤谱"，画面突出两个武僧摆开对打的架势，冲拳、拨掌对练。千佛殿是当年少林寺的练功房，地堂上还有四十八个寺僧"站柱"的遗迹；只见砖铺的地面上留下两行直径约四、五十厘米的锅底状圆坑，一个个间隔约二米半，据说是众僧苦心学艺，两脚踏踩而成。反映了古代少林寺僧甘练少林武功的真实史迹。

少林寺不少武僧在出家之前就精通武术，不少武艺高强的人士不满封建制度，看破红尘，削发为僧，成为僧兵队伍的骨干。少林寺还经常到各地邀请武林高手到寺传授拳法、棍法，发展少林武功。五代十国时高僧福居特邀十八家著名武术家到少林寺演练三年，各取所长汇集成少林拳谱，明代抗倭名将俞大猷也曾到少林寺传授棍术，所以少林寺实际上成了一个有名的会武场所，群英荟萃，各显神通。少林寺博采百家，在吸收各武艺之长后，又逐步发展成为包括有马战、步战、轻功、气功、徒手以及各种器械等许多种套路的武术流派，后代弟子结合中华民族固有之武技精华，融汇贯通，发展充实成为名扬中外的少林武功。

少林武功，经受实际战斗的考验，拳艺更有发展，开创了少林武功的新时期。少林寺极盛时期，占地一万余亩、大殿十四座、房屋多达五千间，寺僧发展到二千余众，其中拥有武艺高强的僧兵五百多人。传说宋代的开国皇帝赵匡胤和民族英雄岳飞等人，也得过少林真传，赵匡胤喜爱拳术，传下太祖长拳，曾将他的拳书藏于少林寺。古代《少林拳术精义》一书说岳飞神力得自某高僧，高僧所授岳飞的神勇力法在反金卫国中功勋卓著。明朝少林寺小山和尚挂过三次帅印征边，朝庭为表彰他的功绩，在少林

岳飞铜像

寺前建立旗杆和石狮。

少林尚武精神千古流芳。历代多少英雄杰练就一整套格斗技能，在自卫抗暴、抵敌御侮中涌现了不少可歌可泣的动人事迹。明嘉靖年间，日本倭寇侵扰我国东南沿海一带，少林寺以月空为首的三十多个和尚应召组织一支僧兵队伍，开赴松江前线御倭抗敌，在战斗中，人奋勇当先英勇杀敌，手持铁棒击杀倭寇甚多，后来因寡不敌众，月空等三十多位爱国和尚全都壮烈牺牲，以身殉国，用鲜血和生命为少林寺谱写了光荣的篇章。现在少林寺碑林与塔林中的石刻上，仍有当年爱国僧兵作战的记载。

除嵩山少林寺外，相传少林寺先后在全国各地建立了十几个分

少林寺一景

院。明代在福建九莲山又建立的一座少林寺，也以发展少林拳术著名，满清灭明后，不少爱国人士，不满外族统治，削发为僧投入少林寺，达宗和尚结交三山五岳英雄，创立佛教洪门，培育和发展洪门子弟，极力鼓吹反清复明，秉正除奸，南少林寺成为反清复明的大本营，洪门弟子的聚义厅，上上下下闪耀着精武强兵的刀光剑影，苦练杀敌本领。后来由于叛徒告密，遭到清政府派兵镇压，寺院被清兵烧毁。

辛亥革命前后，少林寺武功进一步在民间发展，各地武馆林立，不少爱国志士为了推翻清朝统治，积极学习少林武功。当时武术往往被用来作为革命的实战手段，许多地主纷纷建立"大刀队""梭标队"，练武成风，在反清斗争中屡建奇功。

新中国成立后，党和政府非常重视少林武术的发展，许多省、市成立了武术协会和体校武术训练班，进一步推广和发展少林武术，少林武功受到人们的景仰和喜爱，深深扎根于民众之中。十年动乱期间少林武术虽倍受摧残，但"野火烧不尽，春风吹又生"，打倒"四人帮"后，少林武功又重振声威，一个个武术训练班如雨后春笋开办起来，继承和发展我国少林武术遗产，并为国家培养了大批武术人材，在出国表演交流中，为国家赢得了荣誉。

少林武功并非一人所创，而是凝结了千百万人民的心积血。少林武术在漫长的岁月中由中华民族无数武林高手发展流传下来，是中华民族智慧的结晶。

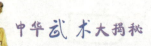

少林寺风景

少林派的武术流派

中国武术发展到清代至巅峰，一时间门户丛生。于是一趟宋太祖三十二势长拳便也分成诸多流派，但其中最为有名的，还要数少林太祖门了。

少林太祖门有南北两大流派。南派少林太祖门之太祖拳受到南拳的影响，宗法已略有改变，主要流传于南少林的发源地福建省的泉州、漳州等地。而北派少林太祖门则流传较广，并且保持了太祖长拳的原始风格，主要流传在山东、河南、河北等地。众所周知，北派嵩山少林分3大家，即洪家、孔家、俞家，而俞家少林又分二郎、邦它、罗汉、大圣、金刚、太祖等，其下又分多种流派。

◆ 洪家少林

洪熙官，籍贯广东省花县（现广州市花州区），他是少林弟子，也是洪拳的创始者。

尽管早至司马迁已经知道"越（粤）人好相攻击"，但"攻击"者也，胡乱斗殴而已。在广东，真正称得上"术"的武术源自外省，而且来得很晚。有据可稽的广东首位拳师名蔡九仪，籍贯肇庆，明末清初人，曾随洪承畴部队驻辽东，任军令承宣尉。1642年，洪承畴兵败降清之后，蔡九仪愤然投奔河南嵩山少林寺，学少林武功。经过8年的苦苦习练和掌门大师的精心传授，蔡九仪于1650年学成少林武功返回肇庆，并带回了师傅赠予的《少林拳术秘史》一书，便暗中开始收徒，传授少林武功，以图东山再起。

方世玉父亲爱好武术，是肇庆丝绸经营大户，与蔡九仪经常在一起切磋武艺，且交情特别深厚。自幼习武的洪熙官在亲戚的引荐下与方世玉、方孝玉、方美玉兄弟及梁亚松等人拜蔡九仪为师学习少林武功。后来被称做"少林十虎"。在恩师的教诲熏陶下，天资聪慧的洪熙官不但勤学苦练，还深得师傅至爱传予少林内功心法。短短几年，洪熙官不但领悟了少林功夫的精髓，且功力造诣高深。由于对当朝满人统治汉人极为仇视，为了对抗清廷、提高徒弟武功，1668年蔡九仪又带领血气方刚的少年洪熙官、方世玉等人拜泉州南少林寺方丈为师修习南少林武功。悟性极高的洪熙官将南北少林武功贯通一气，内外兼修，拳脚并用，练就刚柔相济、浑然天成的少林绝学。

据近年于福建省莆田地区发现的《南少林流派拳谱》载，康熙十一年（公元1672年）得密报后，朝廷派重兵围剿泉州少林寺。刀光剑影之下，洪熙官、方世玉等终因寡不敌众，寺僧星散，少林寺被毁。洪熙官、方世玉等凭借高强的少林武功，逃过清兵鹰犬的抓捕，秘密潜回广东。1673年，在清兵四处追杀之下，洪熙官遁迹广州，匿身于大佛寺继续修习少林功。同年3月，平南王尚可喜上书朝廷请求退休；8月，康熙谕令吴三桂和耿忠撤藩；11月吴三桂起兵抗令，"三藩之乱"爆发。值此之机，吴三桂秘密联络尚之信参与叛乱，并派遣间谍潜入佛山发展地下武装。山雨欲来，广州

洪承畴画像

广州大佛寺

城内气氛之诡异可以想见。洪熙官利用这种大乱时机，广纳能人志士，建立地下武装。

洪熙官等人为了实现师尊蔡九仪匡扶明朝、逐出"清廷"的遗嘱，除了聚集大佛寺外，还在城外西禅寺成立据点，由方世玉兄弟负责。方家是经营丝绸生意的大老板，方氏兄弟正好利用西郊打工的"西房仔"（纺织工人）笼络人才。但入门不得其法，反跟带有帮会性质的"机房仔"屡屡斗殴，形迹暴露，终被特务机构觉察，拘捕过程中好些人当场毙命，方世玉等人逃回肇庆。

此时被清兵四处追杀的洪熙官也潜回肇庆。洪熙官与方世玉共同商议：把反清基地设在隐蔽的肇庆

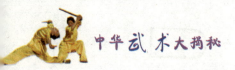
鼎湖山的庆云寺内。他们暗收门徒授少林武功，广纳贤才，群英聚会谋大事。后不料被叛徒出卖，清兵包围庆云寺，意欲一网打尽，赶尽杀绝。

洪熙官凭借少林武功绝学，横空挥拳出击，杀出重重包围，从此隐姓埋名，浪迹山野，吸百家武功精华，再将少林武功融会贯通，自创洪拳，游走四方，秘密传授。时至今日洪拳自成体系，拳法凌厉多异，招势浑厚有力，在全国广大武术爱好者中具有广泛影响。

广州大佛寺一景

◆ 俞家少林

唐朝嵩山少林寺十三棍僧智空来泉州传授少林武术，逐渐形成南派少林功夫。到明代，东南沿海受到倭寇的侵害，民间练武的风气很盛行，泉州各乡里常常有两个馆，一个南曲馆，一个拳头馆。学功夫，除了拳术，还就地取材，刀枪剑戟而外，生产生活用具，像锄头、扁担、长椅条，都会做武器，随手抄起来就是，弄起来有步有数，这是南少林的独特武术。

倭寇的骚扰侵犯，军民奋起抵抗，涌现很多抗倭好汉、民族英雄。最有名的是"俞龙戚虎"。俞是俞大猷，戚是戚继光。俞大猷是泉州河市人，传说其母是清源山水流坑人。俞大猷数年在清源山，常常在一块大石头上跳起跳落练胆量。到俞大猷建功立业成名后，这块大石头人就被叫做"练胆石"。

俞大猷像

俞大猷又亲笔题四字"君恩山重"在上面，成为现时清源山的一处人文景观。

有一个同安人李良钦，早年浪迹江湖，晚年回来泉州，住在凤凰山少林寺，凤凰山那时也叫东岳山了。李良钦看见俞大猷体格好，脚手灵活，胆量又大，且读书识字，人又很聪明有志气，就对俞大猷说："老夫曾得异人传授，通晓少林棍法，你可愿意学，将来报效国家？"俞大猷很欢喜，马上拜李良钦为师，跟他学功夫。一个愿意真心教，一个愿意尽心学，经过勤学苦练，俞大猷终于将少林棍法学到手，有了真本事。

有一次，李良钦和俞大猷对练少林棍，李良钦叫俞大猷大胆出手，"真刀真枪"进招，要试俞大猷功夫深浅。俞大猷起初不敢真实落力，李良钦一面步步紧逼，出手越来越猛，一面叫俞大猷放手还击。俞大猷激起勇气，施展出全部所学的少林棍法。毕竟师父年老，徒弟少年，李良钦居然不是俞大猷的对

李良钦像

手。李良钦十分地宽慰，说："果然是青出于蓝而胜于蓝，后生可畏！徒儿的少林棍法已在为师之上，将来必定会成大器！"后来，俞大猷又吸收教师刘邦协、林琰之要法，再取山东、河南杨家枪之妙著，使少林棍术无敌于天下，俞大猷成为文武双全的将才。

在明嘉靖十四年（1561年）三月，俞大猷自云中南归，路过河南嵩山，想起恩师所传的少林棍术出自嵩山少林寺，饮水思源，到少林寺拜候。在寺内，俞大猷看少林寺武僧练武，特别注意少林棍僧的棍术，发现和师父李良钦所教的少林棍似是而非，没啥相同。再认真比较一下，觉得比自己掌握的少林棍法差很多，不像是少林寺的真传。

俞大猷腹内疑惑，便去拜会少林寺住持小山上人，向他请教。小山敬重俞大猷是朝廷命官，又是战功赫赫的武将，就集合全寺所有精通棍术的千余武僧，各人尽展功夫，演练给俞大猷看。小山上人本来以为俞大猷看了一定会口服心服，大大阿谀鼓励一番。哪知俞大猷看了，摇摇头说："下官也粗通少林棍术，只是与众位师父所练的不相同。若不嫌弃，下官愿意献丑，请各位师父指教。"众武僧看见俞大猷要切磋武功，立刻叫好。

俞大猷将外衫脱掉，拣一支长棍，就踏马势出棍。将平生练就的少林棍法施展出来。只见他有进有退，有跳有闪，忽左忽右，忽前忽后，攻中有守，守中有攻，将一支长棍姿势像出海蛟龙，矫健盘旋，上下翻飞。看得少林寺众武僧眼花缭乱，齐声喝彩。不但众武僧口服心服，小山上人也大开眼界，已知自己寺中少林棍术已失真传了。因此，就恳请俞大猷传授，众武僧也诚恳要求。南北少林本是一家，俞大猷为众武僧求艺心切所感动，也

感到自己有传授少林棍真功夫的责任，就答应了。

但是，俞大猷军务在身，延误不得，学好武功，又非一朝一夕之事，所以就和小山上人相合挑选两个条件最好的武僧，一个叫做宗擎，一个叫做普从，跟俞大猷南下，随军学艺。宗擎和普从跟俞大猷学三年才艺成出师。俞大猷要送两个返去嵩山少林寺，哪知普从突然不辞而别，后来才知其走入邪路。擎宗和尚回去嵩山少林寺，尽心尽力传授少林棍术，经过十几年的努力，已经教出上百个高手，擎宗也成为一个受人尊敬的高僧。俞大猷回传少林棍，就成为武林中的佳话。这段故事，俞大猷在自己的记述中曾经提及，并非武林虚妄掌故。

嵩山少林寺一景

后来，俞大猷利用公务之余，把少年时跟师父李良钦学的少林棍，结合自己多年演练的体会和临阵克敌制胜的经验，写成一本书，号做《剑经》。怎么叫"剑经"不叫"棍经"？因为俞大猷是将棍当做长剑，剑经就是棍经。《剑经》一写出来，俞大猷的少林棍法就天下闻名，称做"俞家棍"，《剑经》也成为明代以来的武术经典。

少林派主要功法及兵器

◆ 拳　术

拳术原为武艺之源。少林派拳术有罗汉拳、小洪拳、大洪拳、老洪拳、少林五拳、五战拳、昭阳拳、连环拳、功力拳、潭腿、柔拳、六合拳、圆功拳、内功拳、太祖长拳、炮拳、地躺拳、少林拳、梅花拳、通背拳、观潮拳、金刚拳、七星拳、练步拳、醉八仙、猴拳、心意拳、长锤拳、五虎拳、伏虎拳、黑虎拳、大通臂、长关东拳、青龙出海拳、翻子拳、鹰爪拳等。

对练拳术有三合拳、咬手六合拳、开手六合拳、耳把六合拳、踢打六合拳、走马六合拳、十五合里外横炮、二十四炮、少林对拳、一百零八对拳、华拳对练、接潭腿等。

少林派拳术刚健有力、刚中有柔、朴实无华、利于实战，招招势势非打即防，没有花架子。在练习

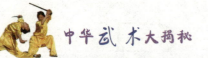

心意拳

少林拳时，不受场地限制，有"拳打卧牛之地"之说，其风格主要体现一个"硬"字，攻防兼备，以攻击为主。拳势不强调外形的美观，只求技击的实用。步法进退灵活，敏捷，有冲拳一条线之说。在身段与出拳上，要求手法曲而不曲，直而不直，进退出入，一切自如。步法要求稳固而灵活，眼法讲究以目视目，运气要气沉丹田。其动作迅如闪电，转似轮旋，站如钉立，跳似轻飞。少林拳分南北两派，南派重拳，北派重腿，每派还分许多小派。

1. 金刚拳

金刚拳又称"金刚罗汉拳"，是我国北派少林拳法中较为古老且具有代表性的拳种。其完整的体系，丰厚的武学内涵，独特的技术形式，简洁实用的自卫临战值，均使其立于中国传统武术之林，并占有重要的位置。

"少林大金刚拳"属于近身博斗型拳法，讲究"招招有势，势势有法，法法有用"。这部凝聚了几代人心血，并具"原生态"的古拳法，拳势古朴，遒劲雄强，凶狠果决，精到妙。整体拳法四段，九九八十一动势，具有发力猛重、疾稳、沉实、整透的风格，及招势简洁、短促迅疾、拳腿互用、攻防并施、避实击虚、刚柔相济的运用特点。手法上善于"连打重击，来去风速，劲路奇出，斩钉截铁，势如破竹"，得势近身，低腿为先，短拳肘变，顺擒摔翻，拿压固控，得机相授。因此技法上讲究"远之拳足，近之膝肘，靠之以摔，相机以擒"。

"法以功为基，功以法致

"少林大金刚拳"拳法

用"。此拳法十分注重内功的锻炼与修养，以补人之本元。拳法的修习以"大金刚气功"为基础，此法以"吸天地之灵气，采日月之精华"为本；以"舒通血脉、畅育气机、聚神调息、运气强力、经脉营顺"为锻炼宗旨。通过内功的练习，使其人体意、气、力达到高度统一与平衡，进而用内、外功夫为一身，运用于养生长寿。功法健身与武术的实战技击之中。

"少林大金刚拳"十分崇尚"拳禅一如"的武道与禅学相契、相融，拳法中的"禅"是对生命的理解和崇拜，又可称为静能生悟。意的超然、体味感知的心理静思维，是聪慧、灵感与诚实体验的感悟，是武学禅法千磨万砺而后启智的"顿悟"，是历史与人文情结赐予的文化象征，是大气古远的文武之道，智善学养的尚武精神。

拳法之名"大金刚"，谓之

宇宙间顶天立地者，寓为传统世间最为紧强无惧的"力神"。中国庙宇殿堂之中，多塑有"哼、哈"二将、四大天神、八大金刚等护法神的金身重彩法像，是持卫佛陀、守护佛法的"夜叉"之神；是匡扶正义、镇慑、邪恶、守土保民、护佛镇妖，驱凶避灾、平安永定的象征。观"金刚"神态威武刚烈、气势威仪、立眉环眼、怒含霸气、法眼观界、身披利甲、手持法器、各涵寓意、姿勃勇，从中看出佛门奉善止恶，充分体现出一种力量与智慧、坚韧与顽强、正义与在情"替天行道"的人文情结与民族精神。

因此在"少林大金刚拳"的修习与演练中，十分注重"金刚之躯、叱咤风云、无坚不摧、所向无敌"的拳法意识、气度与风范，实现与完善举法本身所固有的"拳禅一体、内外合一、形神兼备"的拳术本质与内涵。

2. 猿仙通背拳

猿仙通背拳为北宋年间焦作修武县境内的净影寺和尚所创。据绍兴四年(1134年)初版，咸丰六年重版的"少林寺拳棍刀枪谱"书中记载，本拳重要招式清晰可见.宋时，净影寺和众多、香火旺盛，和尚收留贫苦子弟学文习武，"猿拳"传入晋东豫北南太行山一带民间，至今此地区习练此拳者甚重，广达两省五县，可为佐证，到了南宋年间，寺院禅师相互调换，时值少林寺方兴未艾，"猿拳"遂传入少林寺，精习武功的少林寺和尚对"猿拳"深感玄义，遂与大悲拳齐名定为秘传拳种，不再外传，民间习此拳者也封闭严谨。至清代，民间武学流传广泛，"猿拳"由官宦弟子敢废、武备传于郭万清、张文魁等十杰士。拳谱记载：夫官游之

猿仙通背拳武术表演

家，恣意养名，治在太平，遍排十杰士周游传教……。郭万清、张文魁将"猿拳"传洛阳人氏，姓董名成号称公德先生，公德先生留拳经理论十问答：一经、二进、三蹲、四成、五动、六灵、七开、八靠、九扣、十问之法为本拳理论基础和实用指南。

乾隆年间，董成公德先生，将此拳传晋东泽州府许圪套村许秀文、许秀武兄弟二人，而后许氏二人携家小迁居河南焦作高爻河村，高爻河乃宋瓷发祥地之一，地杰人灵，"猿拳"便在此发扬光大生根繁衍，由许门世袭相传。清咸丰年间，许门三世传人许万怀传外甥（焦作双庙村人）郭再汾武功超群，又得遇净影寺和尚交往，溶少林拳精华于"猿拳"之中，如虎添翼，进京殿试得中"武举"名份，受皇封"武德

猿仙通背拳

骑尉"官职，其有子三人：定山、定中、定宇均系清末"武痒生"有碑可考。此为"猿拳"兴盛时期。代表人物有：许桂林、许桂芝、郭敬孝、马福元等。许桂林传子安吉，声名远播，地域广达两省五县，百余村庄，仅博爱县就达二八个村落之多，成名者达十一人，个个广设拳场传播"猿拳"，至今各有传人。安吉传子乐敏，乐敏师尽得家传，武德高尚，武技超群，传徒二零零人有余，桃李满天下，一九九一年寿终，享年九十岁，人称武寿星，为"猿拳"第九世传人。另有许传高，靳福泽，路灯朝，孔传新，等均为第九世传人的姣姣者。

通背拳以其特殊的伸臂动作而

猿仙通背拳武术表演

著称。伸臂动作要力由背发，通过肩、肘，以达到指尖，所以要求背、肩、肘协调，用力伸展，并非单纯地伸臂。其实，这种要求在其他拳术（如劈挂拳、八极拳、形意拳等）也同样强调，不过在通背拳说来更加突出而已。通背拳的另一特点是能以较高的姿势迅速而巧妙地出击，在练攻防技术前要练很多柔软功。通背拳与一般拳法比较，拳或掌的手形较丰富，通背拳主要有单晃掌、撩阴掌、双盖掌、引手掌、拍掌、踏掌、透骨拳、平拳、尖拳、斩首等；劈挂通备拳主要有勾搂手、摔掌、撩阴掌、点掌、披掌、中拳、蹦中拳、立冲中拳、扣冲中拳、石猴诀拳、猿猴决拳等。

通背拳的劲力，以"缩小软绵巧，冷弹脆快硬"10字为主。其套路有"小连环"、"大连环"、"拆拳"、"五马奔槽"、"六路总手"以及"十二连环拳"。手法

有"摔、拍、穿、劈、钻"。步法有"行步、散步、连环步"。腿法以暗发为主，重七寸低腿。身形要求做到头顶，项领，前空，后实，虚胸，凹肚，探肩，臂长，活腕。拳势则要求做到身似弓，手似箭，腰似螺丝，脚似钻。

通背拳的器械内容，以及祁氏所传的棍、单刀、双刀、枪、剑等均冠以"白猿"。"二十四式通臂拳"、"两翼通臂"则以子龙大枪、青萍剑、苗刀传世，并兼习风摩棍、劈挂单刀,劈挂双刀。中华人民共和国成立后,通背拳被列为全国武术表演和比赛项目。

通背拳侧重实用，不讲究套路而讲求招法。入学先练基本功，如"五行拳"（摔、拍、穿、劈、钻）、散手后，再习练"单操势子"，有"十二连锤"、"十二野马奔槽"、"十把擒拿"等。单操势子有套路性质，只是短小精悍的

招法。因该拳讲"见招打势"，故没器械的固定套路，习练时按拳术使用器械，常用器械只有刀、枪、棍，表演现组织套路。

3. 六合拳

中国拳术之一。近代满族人佟忠义祖传此拳，并曾在上海传授。

"六合"，是指东南西北四方与上下，以喻练拳时前后、左右、上下都需照顾，做到手与眼合，步与身合，智与力合。练拳要按龙、虎、鹤、兔、猴五形和八卦方位习练，要求动如行龙，定如卧虎，迅如狡兔，灵如猿猴，轻如云鹤。拳法着重一打，二拿，三摔，架式要求做到威武挺秀，矫健敏捷，闪展腾挪，缓急轻重，机智灵活。

六合拳源于元末明初，据传是少林寺烧火僧许那罗和尚根据日常僧人格斗的多种招式创编的。其特点是结构严紧、进退有节、攻防兼备、形态逼真、实战性强、真打实战、直取快攻、简

六合拳大师——丁长汉

洁明了、攻防兼顾、拒绝花势。少林六合拳的步法简单，进退自如，远踢近打，灵活多变。在缠身近战时，又有擒拿绝技，一招制胜。所以颇受武僧所喜欢。它是少林拳中的对练套路，是历代武僧名师授徒传艺的重要套路之一，是训练打擂的基础。

六合拳以围、拦、截、卡对方外盘为进攻方式，招法以刁、捋、带、

六合拳名家——孙少甫

挑、崩、架、靠、劈、砸、踢、蹬、摔、拿为主，技击是以守为攻，以攻为守，前后左右攻守兼备，随机应变，动作舒展大方，刚柔相济，动静分明，起伏升落，紧凑贯通。练习此拳既能强身健体，又能技击防身。中华武术中的踢、打、摔、拿四大绝技均在些拳中蕴涵。

4. 佛山南拳

南拳在广东、福建沿海一带形成独有的南方特色，尤其是清代以

184

来，以"反清复明"始，以"行侠仗义"终，在武侠传奇小说和影视中占有重要的地位，比如福建南少林，传说中是一个反清的大本营，在那里集结了洪门子弟和三山五岳的侠雄豪客。清兵火烧南少林，洪熙官来到广州，隐居在大佛寺，与佛缘和尚共开武馆。又如方世玉，为广东"少林十虎"第二人（第一人为洪熙官），其母苗翠花是"少林五老"中的苗显之女，有"一代女侠"之称。方世玉成为《少林小英雄》、《万年青》、《方世玉三探武当山》、《乾隆游江南》等众多侠文化作品的主人公，晚清南拳又出现了"广东十虎"，其中的第三位铁桥三、第五位苏乞儿，也是许多侠文化作品中的主人公。

南拳是明代以来流行于南方的一大类拳种的总称。它以福建、广东为中心，广泛流传于长江以南地区，故称"南拳"。

关于南拳的起源，从前流传着一个故事，说是福建有一座少林寺，为嵩山少林的分支，人称"南少林寺"，寺中僧人世人习武。康熙年间，西鲁国来犯，无人可敌，福建少林寺僧人请缨出征，大破西鲁国，班师凯旋。不久，有奸人进谗，清廷派兵围剿福建少林寺，将该寺焚毁，寺中仅有五僧幸免于难。这五位僧人四处寻访英雄豪杰，创立了洪门（天地会），立誓"反清复明"。福建、广东、湖北一带的南拳都由这五位僧人传出，因此尊他们为南拳"五祖"。

事实上，清代康熙年间根本没有什么西鲁国，更没有来犯这事，当然也不会有南少林寺僧人为国出征的壮举。这是洪门中人杜撰的故事。但是，福建究竟有没有一座少林寺，倒成了历史的悬案。有人认为这座少林寺在福建莆田，有人认为在福建泉州，甚至有人说在广东

连平。1996年，在福建福清发现了一处寺址，陆续出土了不少刻有"少林"字样的文物。经学者初步考订，此处即为福建少林寺，其存在年代约为从北宋到清雍正年间。

关于福清少林寺与南拳拳系的关系，还有待于进一步研究。但毫无疑问的是，这座南少林寺在南拳拳系的形成和发展过程中曾经产生过重要作用。同时，还必须充分考虑到福建地方武功的因素。

福建民风强悍，特别是闽南一带，素以悍勇好斗著称，其聚众械斗之风名闻全国。福建地区的武功，早在明代中期就已崭露头角。与戚继光齐名的抗倭名将俞大猷（1504—1580年）就是一位武术大师。

俞大猷是福建晋江（今泉州市）人。他出身于军官世家，少年时学兵法，习骑射，后从李良钦学剑，成为罕见的剑术高手。在任职

广东都司佥事时，俞大猷曾仅率随从数人，深入荒山密林，以一手剑术震慑多处叛民，使他们归顺。他又精于棍法，曾广教士卒，当时泉州一带的棍法几乎全是俞大猷所传。那时，泉州的剑术和棍术，在全国都是首屈一指的，连嵩山少林寺也自愧弗如。

明末时，泉州有一位名叫定因的僧人，武功高超，曾在漳州击毙猛虎，传有弟子数百人。清军南下后，他的弟子中有不少人渡海赴台湾，参加郑成功义军。

南拳拳系的形成，也曾受到北方武功的影响。

从公元4世纪起，中国境内由北而南出现过三次大规模移民。第一次是在两晋之际，当时就有一部分北方人辗转迁移到福建，被称为"福老"。第二次是在唐末僖宗时期，由河南固始人王潮、王审知兄弟率兵5000人及大批眷属南迁至泉

州、福州。第三次是在两宋之际，南迁军民超过百万。以上三次移民，都是从河南出发。这些北方移民，统统被称为"客家人"。他们定居在南方的同时，也把比较成熟的北方武功带到了福建、广东一带。

明代中期，另一位武学大师戚继光率领戚家军参加平倭战争，转战浙闽粤三省。戚家军曾在福建征战多年，并曾在福州、泉州等地驻防。戚继光是山东蓬莱人，祖上六代都是军官。戚继光的武功当属于北少林一系。在戚系军的武功训练中，所有的拳械套路都由他亲自编写，剔除了那些华而不实的动作。戚家军百战百胜的辉煌战绩，也必将使这种带有明显北方特色的武功对闽粤武术的发展产生相当大的影响。

南拳的基本特点：

南拳的基本特点是门户严密，动作紧凑，手法灵巧，重心较低，体现出以小打大、以巧打拙、以多打少、以快打慢的技击特色。闽粤一带人体形较为瘦小，力气也相当弱些，因此特别重视下盘的稳定性，讲究步法的灵活多变，多有扭拐动作（如骑龙步、拐步、盖步等），使身体可以灵活转向。南拳的上肢动作绵密迅疾，极富变化，有时下肢不动，拳掌可连续击出数次，力求快速密集，以快取胜。在发力时，南拳大多要呼喝作声，吐气催力，以增大爆发力。南方人四肢较短，所以讲究贴身靠打，多出短拳，充分发挥"一寸短，一寸险"的优势。南拳拳系中有许多象形拳，不仅有龙、虎、豹、象、鹤、蛇、马、猴、鸡等常见的象形拳，而且有狮、彪、鱼、犬等罕见拳种。其象形拳数量之多，居全国诸大拳系之冠。

南拳的总体风格是步稳、拳

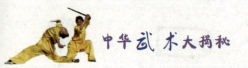

刚、势烈，少跳跃、多短拳、擅飘手，以声、气修力。威猛迅疾，灵巧绵密，刚柔相济，上肢及手型尤富于变化。它不像少林拳那样雄浑朴茂，舒展大方，但其刚烈之气，威猛之势，却灏然自成气象。

南拳的流派划分：

南拳的代表是广东南拳，广东南拳的代表是"五大名家"，他们是：

（1）洪拳。洪拳源出少林寺、相传为洪熙官所创，洪熙官本为福建漳州茶商，创拳后传给南少林的洪门五祖，洪拳后来传入广东，包括五行拳（金拳、夹木拳，水浪拳、火箭拳、土地拳）和十形拳（龙拳、蛇拳、虎拳、豹拳、鹤拳、狮拳、象拳、马拳、猴拳、彪拳等十大象形拳），历代著名高手有洪文定、陆亚彩、觉固禅师。铁桥三、林福成、黄泰、黄飞鸿、林世荣等，是南拳中最大的一派。

（2）刘拳。据说为刘三眼所创，也有说是下四府刘生或刘青山所创的，流传于雷州半岛。

（3）蔡拳。由福建甫少林寺僧蔡伯达、蔡九仪所创，后来流传于广东中山等地，包括十字拳、大运天、小运天、天边雁、柳碎梅、两仪四象拳等。

（4）李拳。相传由福建南少林寺僧李色开所创，又由广东新会人李友山传授。一说由广东惠州李应辉所创，李拳流行于广东中山、河源、高州、龙川、广州等地。

（5）莫拳。相传为福建南少林至善禅师所创；一说由莫达士所创，后传至莫清骄（一说莫清娇）。流传于珠江三角洲一带。

五大名拳多数从福建南少林传来。和洪门天地会多少有些联系，不仅是武术门派，也是极为活跃的江湖派别。

除五大名拳外，广东南拳还有

蔡李佛拳（由新会人陈享创立，他师从陈远护、李友山及少林寺和尚蔡福，综合了蔡家拳、李家拳、佛家拳三派精华，故名蔡李佛拳）、虎鹤双形拳（南海人林世荣综合洪拳、佛拳所创，又称"洪头佛尾"）、咏春拳（福建严咏春严三娘所创、一说至善禅师传入广州光孝寺）、侠拳（大侠李胡子从四川峨眉山传入广州）、白眉拳（四川峨眉山白眉道人传入广州）、佛家拳（从佛门传入）、练步拳、练手拳、刁家教、岳家教、朱家教、昆仑拳、南枝拳、儒拳等。

5. 七星拳

少林七星拳原系少林七星门的看家拳，也是少林武术的基础之一，与长护心意门同属小架拳类，素有子母拳之称，七星拳短小精悍，灵活多变，且有拳打卧牛之地的特点。

七星拳是现在少林寺地区流传最广的套路。它练起来动如猫，行如虎，参照天下北斗土星定位，动作架势以它独有步型、步法而组成。步型要求两脚前后站在一条线上并齐，称为小缩身，这个动作也是考验少林武师在练习少林拳时的功夫深浅的标准。其动作大开大合，气势逼人，则有迅雷不及掩耳之势。

七星拳的风格特点是：手法凌厉，腿法多变神奇、身法自然巧妙、功架大开大合、舒展大方、手、眼、身法、步、精、气、神、内功浑然一体，犹如楚霸王临阵，其势雄猛。

七星拳歌诀：步如鸡形头似猿，身似蛟龙意在天，藏有千斤有余力，借力还打瞬间，卧牛之地展身手，精巧敏捷七星拳。

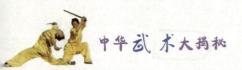
◆ 棍 术

少林派棍术有猿猴棍、风火棍、齐眉棍、大杆子、旗门棍、小夜叉棍、大夜叉棍、少林棍、小梅花棍、云阳棍、劈山棍、阴手棍、阳手棍、五虎擒羊棍等。

对练棍术有排棍、穿梭棍、六合杆、破棍十二路等。

棍打一大片，一扫一劈全身着力。棍练起来呼呼生风，节奏生动，棍法密集，快速勇猛。它既能强身健体，又能克敌制胜，在历代抗敌御侮中，少林棍发挥过重要作用。

◆ 枪 术

枪是古代兵器之王。少林派枪术有少林枪、五虎枪、夜战枪、提炉枪、拦门枪、金花双舌枪、担拦枪、十三枪、十八名

梅花刀

枪、二十一名枪、二十四名枪、二十七名枪、三十一名暴花枪、三十六枪、四十八名枪、八十四枪、六门枪势、十枪架、六路花枪、秘授枪谱三十六点、豹花枪等。

对练枪术有枪对枪、对手枪、战枪、双刀对枪、六合枪、三十六枪破法对练、二十一名枪对刺等。

少林枪术有一条歌诀是："身法秀如猫、扎枪如斗虎，枪扎一条线、枪出如射箭，收枪如搋虎、跳步如登山，压枪如按虎、挑枪如挑龙，两眼要高看、身法要自然，拦、拿、亢、点、崩、挑、拨，各种用法奥妙全。"

◆ **刀 术**

刀是历代重要兵器之一，其中大刀被誉为"百兵之帅"。"刀如

青锋剑

猛虎、枪似蛟龙"，刀术的演练一招一式都要有威武、凛烈的气概。

少林的刀有春秋大刀、梅花刀、少林单刀、少林双刀、奋勇刀、纵扑刀、雪片刀、提炉大刀、抱月刀、劈山刀、少林一路大刀、二路大刀、六合单刀、座山刀、六路双刀、八路双刀、太祖卧龙刀、马门单刀、燕尾单刀、梅花双发

刀、地堂双刀、滚堂刀、单刀长行刀、五虎少林追风刀等。

对练刀术有刀对刀、二合双刀、对劈单刀、对劈大刀、单刀进双刀等。刀的使用特点是缠头裹脑、翻转劈扫、撩挂云刺、托架抹挑等，并有单刀看手、双刀看走、大刀看顶手，劈、撩、斩、刺似猛虎之说。

下面，我们来介绍少林刀术中的一种——少林春秋大刀。

少林春秋大刀又称关公刀、春秋刀刀头呈弯月形状,刀身宽约17厘米左右,中部缀有红缨，此刀两端配重均匀，在中间处可以找到绝佳平横点，使用起来力量重心操控良好，力量分配匀称。刀身宽短而重，木柄较长，从一米3左右到接近2米不等。它是从马上战斗中发展过来的，最早出现在宋朝，柄长便于马上攻击。因大刀是器中大型武器，须有充足饱满的内气和腰腿臂力，才能运用自如，劈、砍、推、斩、翻、滚、盘、压，无不得其自然。因大刀杀伤力颇大，被誉为"百兵之帅"。

此套路布局合理，上呼下应，左右逢源，它的劈、砍、撩、挂、斩、抹、截、拦、挑、刺等以及舞花等刀法，交代的清清楚楚，干净利落。确有"大刀如猛虎"的风格。一招一势，有威武，凛烈的气概。在练习时，必须有扎实的拳术基础，尤其对腰腿劲及臂力的要求更为重要。

其特点是节奏紧密、形态逼真，独具一格，其技法以砍、撩、斩、劈、削、截、拨、压、绞、错等，在演练中还穿插有缠腰、缠脖、云胸、舞背等动作，加上各种步法、步型等形成了一个完整的套路。

该刀法因其借托三国时期关云长所传，所谓"留下偃月写春秋"

《易筋经》

之意，而得名。春秋大刀共有九个主要架子，可"合化"（分出）八十一个架子。这只是一个传说型说法《三国志》记载："绍遣大将(军)颜良攻东郡太守刘延於白马，曹公使张辽及羽为先锋击之。羽望见良麾盖，策马刺良於万众之中，斩其首还，绍诸将莫能当者，遂解白马围."汉代"戟制最盛，矛次之"，而且当时的制造工艺也不理想。应为后世借关公之名所传。

其刀术主要有劈、砍、斩、架、截、云、挂、挎、挑、拦、扫、抹、托、拨、压、绞、错、捣、随、扇等。弹腿门之春秋大刀主要流行在河北、河南、黑龙江等地。其特点是刀法灵活，变化多端，气势雄伟，劲力贯注，快速迅猛，一招一势，动作紧凑，舒展大方。练习时要求气沉丹田，含虚抱

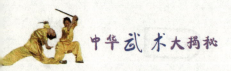
气，气易相融，身法传神，刚柔互用。

瓜、黑虎偷心、老猴搬枝、金丝缠法、应门铁扇子、拨步炮、少鬼攥枪等。

◆ 剑术

剑术矫健、优美、豪放，自古至今流传深远。

少林派剑术有达摩剑、乾坤剑、连环剑、太乙剑、二堂剑、五堂剑、龙形剑、飞龙剑、白猿剑、绵袍剑、刘玄德双剑、青锋剑、行龙剑、武林双剑等。

对练剑术有二堂剑、五堂剑对刺、少林剑对刺等。剑诀："剑是青龙剑，走剑要平善，气要随剑行，两眼顾剑尖，气沉两足稳，身法须自然，剑行如飞燕，剑落如停风，剑收如花絮，剑刺如钢钉。"

◆ 技击散打

少林派技击散打有：闪战移身把、心意把、虎扑把、游龙飞步、丹凤朝阳、十字乱把、老君抱葫芦、仙人摘茄、叶底偷桃、脑后砍

◆ 气功

气功是少林功夫的一大类，少林寺流传的气功有"易筋经""小武功""站桩功""益寿阴阳法""混元一气功"等。

下面，我们来介绍气功中的一种——金钟罩铁布衫。

金钟罩铁布衫是中国少林寺四大神功之一，由少林寺始祖达摩禅师所创，一共分十二大关，每关循序渐进。功成后几乎天下无敌，傲视武林。

金钟罩气功系南少林上乘之功，历史上武术气功名家如欧阳德、甘凤池，近代大侠霍元甲等，均练此功。本功功法动静结合，练时使内气储于中丹田上腹周围，久练全身经脉流通无滞，新陈代谢旺盛，正气充沛，精神饱满，消除疾

擒拿法真传秘诀

病，推迟衰老。

金钟罩初练时，须用败布成一锤，在周身上前后捶击之。初则甚觉痛楚，击之既久，渐不觉痛，再换木棰；木棰击而不觉痛时，再换铁锤；铁锤亦不觉痛时，便用揭谛功之方法，及铁布衫之方法，并铁牛功之方法，如法练习二三年，胸背坚如铁石。莫论拳脚不能及，即刀剑亦难伤损。练成金钟罩功夫之人，胸背等处之骨骼，皆合并起来，并在一起，如天生独块相似；若在赤臂之时，功夫也一望便知。

铁布衫之练法在于用软布环绕胸背数圈，再用手着力搓摩，然后做肘臂曲伸练习。夜间宜以坚硬的木板为床，让骨骼时常与坚硬物体接触磨练，久了筋骨将渐渐坚实。之后将铁杆插入沙地中，于其上练习种种功夫，但要下杆时，以上身肩、背、胸、腹、臂等部位扑向沙中，行之三年，再除掉缠绕身上的软布，以木锤捶击，同时运气拟神敛力。如此再过三年，上身就会绵

软如棉，铁布衫就练成了！铁布衫与金钟罩一样均是习武之人的基本外功之一。

◆ **其他兵器械类**

少林武术器械有长的、短的、硬的、软的、带尖、带刺、带钩、带刃的，多种多样，古有十八般兵器之说，近计不易胜数。除上述刀、枪、剑、棍以外，还有三股叉（南方又称大钯）、方便铲、套三环、峨眉刺、月牙铲、和戟镰、秀圈、方天画戟、双锤、大斧、双斧、三节棍、梢子棍、七节鞭、九节鞭、双鞭、刀里加鞭、绳标、虎头双钩、草镰、"五合草镰、六合战链"、戟头钩、梅花单拐、六合双拐、马牙刺、乌龟圈、双铜、日月狼牙乾坤圈、禅杖、大槊、风魔杖以及盾牌、弩等。

◆ **器械对练及器械拳术对练套路**

器械对练及器械拳术对练套路有：空手夺刀、空手夺枪、单刀对枪、空手夺匕首、棍穿枪、草镰合枪、梢子棍合枪、刀对枪、双刀进枪、眉齐棍合枪、单拐进枪、双拐破枪、拐子合齐眉棍、虎头钩进枪、马牙刺合枪、乌龟圈合枪、套三环合枪、方便铲合枪、月牙铲破双枪、九节鞭对棍、钢鞭对九节鞭、月牙合枪、月牙合铜、三节棍进枪、方天画戟进枪、三英战吕布、空手夺刀枪、和戟链进枪、三股叉进枪、大刀封枪、三节棍破双枪、峨眉刺进枪等。

第四章

武术江湖

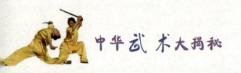

　　中国武术流派繁多，除了三大宗派即少林派，武当派、峨眉派之外，还有其他流派，包括华山派、昆仑派、泰山派、逍遥派等多种派系，在众多派系中，还有从中分支出来的，如星宿派就是逍遥派的一个分支。

　　众多门派发展流传，共同组成了中国的武术江湖。中国武术不断发展，在于各大派系与时俱进的不断壮大，新的时代又赋予了武术新的内涵，它已经不是往昔武林争霸的一种工具，也不在仅仅是练武防身的道具，它还往往带有思想冶炼的文化特征及人文哲学的特色、意义，对现今中国的大众文化有着深远影响。因此，大力推广武术的学习，并且均衡发展各大派系，对于弘扬中国武术、振兴中国武术就有十分重要的作用。

峨眉派

峨眉派，中国武术门派之一，流传到今天，已经成为巴蜀武术的代称，因其起源于峨眉山，故名。

当派相传是明初著名道士张三丰初创的，而峨眉派则相传始于春秋战国时期司徒玄空创编的通臂拳。

◆ 峨眉派起源

在中国武术界，峨眉派与少林派、武当派鼎立而三始于明代，而他们的历史渊源可以追溯得更为久远。可是由于历史资料的匮乏，能够找到这三派起源的记载寥若晨星，故1985年人民体育出版社出版的《中国武术史》也未能论述三派的起源和发展演变过程。目前关于这三派的起源，都只有传说：少林派相传是南北朝时期来华的古印度高僧中国禅宗始祖达摩传授的，武

◆ 峨眉派创始人

春秋战国时期，有不少文人方士隐居峨眉山。据说有位武士司徒玄空，号动灵子，耕食于山中，在与峨眉灵猴朝夕相处中，模仿猿猴动作，创编了一套攻守灵活的"峨眉通臂拳"，学徒甚多。因为司徒玄空常着白衣，徒众尊称为"白猿祖师"。《中国武术史》记作"战国白猿，始白名士口，字衣三，号动灵子"。1989年四川科技出版社《四川武术大全》称为"春秋战国

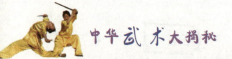

峨眉山灵猴

白猿公，字衣三，即峨眉山的司徒玄空"。2001年版《乐山志》载为"白衣三，相传战国时仿山猿动作创编峨眉通臂拳，攻防灵活，在峨眉山授徒甚众。"而东汉赵晔《吴越春秋·勾践阴谋列传第九》中记载，女侠越女应越王勾践之召赴朝廷途中，持剑与"自称袁公"的老翁以竹过招，"袁公飞身上树，变为白猿"。按这种说法，"白猿

公"的传说春秋时期就有了。赵晔是东汉人，那么白猿公的形象至迟在东汉出现。具体时间就难以考订了。明代抗倭寇名将唐顺之（1507—1560年，江苏武进人）在《荆川先生文集》中有一首《峨眉道人拳歌》，其中两句"道人更自出新奇，乃是山中白猿授"，这与"白猿祖师"的说法一脉相承。

另有《峨眉山志》记载，战国

峨眉山一景

峨眉通臂拳石蜡像

时期的司徒玄空，姓白，名士口，字衣三，仿山中灵猴的姿态创"峨眉通臂拳"，这是有史记载的中华武术第一人；因其爱穿白衣，弟子尊称其为"白猿祖师"。

他还创有"猿公"剑法，并传剑越女，称之为"越女"剑法。现在北京流传的白猿通臂拳，就来自峨眉山，其祖师就是司徒玄空。

在我国武术界，有三大武术发源地，一曰少林，一曰武当，再就是号称天下第六洞天的道教圣地，四大佛教名山之一——峨眉山。起源于峨眉山的武术，既具佛门禅功，也含道教气功，形成了自己独特的风格，声名远扬，被人称为峨眉派武术，与武当派、少林派武术鼎足而立。

峨眉山派初创于何时，成熟定型于哪个年代，至今尚无定论。

峨眉山风景

◆ 峨眉派定型阶段

战国末期秦灭巴蜀，三国蜀汉与曹魏、孙吴连年征战，两亚南北朝时期西北氐羌和西南僚人大量涌入巴蜀，为巴蜀地区的武术吸收中原和其他地区以及少数民族武术的长处，提供了机会。

魏晋时期，道教和佛教先后传上峨眉山。道士们通过"吐纳、导引、坐忘、心斋、守一"等内练法门，达到意与气连、气与神合的境界，形成气功，为的是祛病延年以求长生不老。僧人除了参禅打坐，也常常练拳踢腿、舞枪弄棒，一为调节枯燥的经课，二为强身健体，三为护院守寺。他们将道教的养生气功和山民的狩猎技艺揉杂在一气，开创独树一帜的僧门武术。

渐渐地有一些身怀绝技的武士加入了峨眉山的道佛之列。据明人方汝浩辑《禅真逸史》载，北朝东魏孝静帝年间（534—549年），武将林时茂（491—618年）来到峨眉山中峰岭修练。这位战功显赫的"镇南将军"，因受权贵迫害，避祸于泽州（今山西晋城）析成山问月庵出家，法名太空，号淡然，以号行。后任南京妙相寺副寺，再后来上了峨眉山，留下了"斩虎救妇"的美谈。他在经课之余，将自己的精湛武功传授与年轻僧人，一时山上武风盛行。可惜，有关淡然法师这方面的史料阙如。

《中国神仙大全》一书中，叙写了唐末五代初峨眉山道士扬仙公的惊人武功，说他从铁匠铺借来铁锤自击头顶，或令人竭力乱打而毫无损伤，还常入森林中降虎伏豹。剔除这则记载中的神秘和夸张成分，也能领略到他的上乘气功功力和过硬的技法。

北宋时期，峨眉山成为中国佛教四大名山之一，普贤菩萨的道场，僧人大增，自然武僧也为数

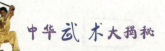

普贤菩萨

不少。到了南宋建炎年间（1127—
1130年），峨眉山临济宗白云禅师
创编了"峨眉临济气功"。据已
故中国佛教协会副会长巨赞大师

（1908—1984年，江苏江阴人）
研究考证，白云禅师原为道士，
后皈依佛门。他精通医学，将阴阳
虚实和人体盛衰之机理，与武术中

的动静功法相融汇，寓内功导引按摩术、点穴、布气、针灸于功法中，融养生、医疗、技击为一体，创造出了一套独具特色的临济气功术。因为这种集医、道、武术精华于一身的功法共有12节，后人称之为"峨眉十二桩功"。按照临济宗的规定，此功只能在宗内秘授，不得外传，故民间知之甚少。康熙元年（1662年）湖北麻城孝感武举姜一怀，来峨眉山拜金顶朝天和尚为师，得"峨眉十二桩功"真传，后落户于南充，嫡传此功于后代。山西省中医研究所医师周潜川居士（1907—1972年，原籍四川威远），著有《峨眉十二桩释密》。1958年，周潜川将全部研究心得传授与巨赞大师。巨赞曾经来川收徒传授峨眉十二桩功。受巨赞指导的傅伟中先生，于1982年和1985年，由北京体育学院出版社出版了《峨眉临济气功——峨眉十二桩述真》

和《峨眉临济气功——峨眉天罡指穴法》两书。这些书，对于峨眉临济气功走出佛门、流布社会、泽惠民众做出了贡献。此功分为文武两抛和大小两种练形法。练习文抛和小练形法，主要是祛病强身；练习文武两抛和大练形法的，既能为他人诊治疾病，又可以防身御敌。

在动功"峨眉十二桩"的基础上，后来又发展起了静功六大专修功：虚步功、重锤功、缩地功、悬囊功、指穴功、涅磐功。其中指穴功——三十六式天罡指穴法最具威力，它融气功、按摩、点穴、布气和武功为一体，又可称为"气功导引点穴按摩法"。

南宋时期峨眉山又有个德源长老，模仿猿猴腾跃翻滚动作，创编出一套猴拳。因为武艺高强的德源眉毛纯白，人称"白眉道人"，故这种拳术叫作"白眉拳"，一直流传至今，现在四川、广东、香

港、澳门和美国、欧洲的华人，都有练习。德源长老还把峨眉山僧道的武技资料搜集起来，结合自身的经验，编写了《峨眉派拳术术》一书，从理论上对峨眉武术实践作了系统的总结。这本书是目前找到的有关峨眉武术的最早文字资料。有学者认为，这本书是峨眉派武术发展成熟并自成体系的标志。

◆ 峨眉派鼎盛时期

明代，峨眉派武术进入鼎盛时期，英才辈出，高手林立，其拳法更为精湛。上引明人唐顺之的《峨眉道人拳歌》，生动而形象地描述了明代峨眉派拳术术的高超技艺，从起势到收势的全过程，其神态、劲力、身法、击法、呼吸、节奏等各个环节，都记叙得细致入微。他

峨眉山一景

用"忽而竖发一顿足，岩石迸裂惊沙走"赞其硬功卓绝；用"百折连腰尽无骨，一撒通身皆是手"颂其软功柔韧；用"去来星女掷灵梭，夭矫天魔翻翠袖"形容其动作敏捷；用"险中吴巧众尽惊，拙里藏机人莫究"概括其伸缩开合，变化自如，可谓精深之至。《峨眉道人拳歌》其30句，是现今找到的颂扬峨眉派武术的唯一专题诗篇。

除了拳术和气功，峨眉派的刀枪剑戟等十八般兵器的技法，明代时也达到了炉火纯青出神入化的地步。在中国武林中，峨眉派的剑术和枪法是最著名的。据传，峨眉剑是僧人在"白猿二十四法"的基础上逐步完善的，动作严谨，招式凶猛，击法明快，以巧取胜。民国时期，清音阁李真法师内功深厚，剑术尤精，有"峨眉剑仙"之誉，其门人遍及甘陕。明代著名军事家、武术家程冲斗（四川新都人）撰

有《耕余剩技》，记述了"峨眉枪法""白眉棍法"等技艺。清康熙年间，曾经师从朱熊占学习峨眉枪法的明遗民吴殳（1611—1695年，号仑尘子，江苏娄江人）著《手臂录》，精确地阐述各种枪法，其中写道"西蜀峨眉山普恩禅师，祖家白眉，遇异人授以枪法，立机穴室，峨习两载，一旦悟彻，遂造神化，遍游四方，莫与驾并。枪法一十八札，十二倒手，攻守兼备，破诸武艺。"可见其变幻莫测，精妙绝伦。在峨眉枪法中，有治心、治身、动静、攻守、审势、戒谨、倒手等技法，大大丰富了峨眉武术的理论。

清乾隆五十四年（1789年），峨眉山大坪寺僧创编"浪子燕青拳"；五十五年（1790年），山僧模仿青龙白鹤之势，创编"六乘拳"；嘉庆年间（1796—1820年），龙神堂极善法师从山上黑龙

燕青画像

江的湍急回旋水势得到启发，花了十年心血，创编出拳刚掌巧腿多变的"乌龙拳"。清末，仙峰寺神灯长老和紫芝洞清虚道长，与大江南北长城内外的各派武林高手交流，尔后回峨眉山，苦心编出"峨眉子午门武术"，以其多在每天的子、午二时练习而命名。其风格以子午拳为代表，还有子午枪、子午刀、子午剑、子午棍等器械技法。又有碧云、静云二道长创"八封拳"；光绪三年（1877年）付云和尚创"虎爪拳"。

太平天国翼王石达开的"记室"（即秘书）何崇政（四川名山人），兵败脱难后，削发为僧法号湛然，来往于川西、川东等地，以哥老会的组织形式，结交八方豪杰志士反清，曾经在峨眉山住锡多年。他撰有《峨眉派拳术谱》一书（亦称《拳乘》），开篇有诗"一树开五花，五花八叶扶。皎皎峨眉月，光辉满江湖。"其中"一树"指峨眉武术，"五花"指巴蜀的五个片区，而"八叶"则指四川武林中的"僧、岳、赵、杜、洪、化、字、会"八个门派。尽管现在四川武术界对"五花"有不同解释，对八个门派是否都属于峨眉派尚有争议，但足以说明峨眉派武术博采众长，其流传之广和门派众多。

解读名人

石达开

石达开（1831年—1863年），小名亚达，绰号石敢当，广西贵港人，客家人，太平天国名将，近代中国著名的军事家、政治家、武学名家。石

石达开纪念碑

达开是太平天国最富有传奇色彩的人物之一，十六岁"被访出山"，十九岁统帅千军，二十岁封王，被杀时年仅三十二岁，有关他的民间传说遍布他生前转战过的大半个中国，因此他当年深得各地民众爱戴。

"稗史漫传曾羽化，千秋一例不平鸣"，翼王石达开是太平天国最富有传奇色彩的人物之一。他十六岁便"被访出山"，十九岁统帅千军万马，二十岁封王，英勇就义时年仅三十二岁，他生前用兵神出鬼没，死后仍令敌人提心吊胆，甚至他身后数十年中都不断有人打着他的旗号从事反清活动和革命运动，辛亥革命党人曾通过诗歌，小说，绘画等各种媒介宣传他的事迹以"激励民气，号召志士，鼓吹革命"。

翼王亭

1. 对手评价

太平军的高级将领们对石达开的胆略十分推崇，如李秀成谈及各王优劣才能时"皆云中中，而独服石王，言其谋略甚深"，陈玉成认为太平军将领"皆非将才，独冯云山石达开差可耳"。而清朝方面，曾国藩说"查贼渠以石为最悍，其诳煽莠民，张大声势，亦以石为最谲"，左宗棠说他"狡悍著闻，素得群贼之心，其才智诸贼之上，而观其所为，颇以结人心，求人才为急，不甚附会邪教俚说，是贼之宗主而我之所畏忌也"，骆秉章说他"能以狡黠收拾人心，又能以凶威钤制其众"，是"首恶中最狡悍善战"。不只如此，他还赢得了众多与他敌对立场的人的敬重，如地主文人周洵在《蜀海丛谈》中称其为"奇男子"，清朝一位贡生在湘军军宴上公开说他有"龙凤

左宗棠画像

之姿，天日之表"，在大渡河畔与他为敌的许亮儒对他的英雄气概与仁义之风钦佩不已。直到他死去近40年后，由清朝地主文人所撰的著作《江表忠略》之中还有这样的记叙："至今江淮间犹称……石达开威仪器量为不可及。"

2. 国外评价

在有关石达开的各种评价中，最著名的当属美国传教士麦高文通讯中的一段话了："这位青年领袖，作为目前太平军的中坚人物，各种报道都把他描述为英雄侠义、勇敢无畏、正直耿介。他性情温厚，赢得万众的爱戴，即使那位颇不友好的'金陵庶谈'，作者也承认这一点。该作者为了抵消上述赞扬造成的美好印象，故意贬低他的胆略。翼王在太平军中的威

当年石达开大战兵败的安顺场渡

望，驳斥了这种蓄意贬低的说法，不容置疑，他那意味深长的'翼王'，的头衔，正表示他在军事上的雄才大略和他的性格。他是一个有教养的人，一个敢做敢为的人"。

峨眉派中有一种独特的器具——峨眉刺，形似女人的发簪，在特定条件下可以作为刺杀武器，还有玉女拳等功法。有些武侠小说将这些神奇功法和器具加以演绎渲染，甚至借虚构的武林高手之口，推衍出峨眉派武术为某些尼姑、女侠开创，使不少人对峨眉武术源流产生了种种误解，很需要正本清源。

在长期的历史演变过程中，峨眉派逐渐形成了自己的特色，与少林派、武当派相比较，最明显的区别在于它特别强调内外兼修。其实，这三大派各有精微造诣，都讲究内修外练，体用兼备，只是程度不同。少林派由僧人所创，大开大合，硬攻直上，抢先进攻，

以腿法著称，善于先发制人，属于外家拳；武当派系道士所创，以静制动，以柔克刚，动静结合，借力打力、属于内家拳；而峨眉派则为道、僧共创，更加注重内外兼修。从上述"峨眉十二桩功"和"天罡指穴法"可以看出，它既重视内气的修练，又讲究形体的结合，似快而慢，似柔而刚，刚柔相济，长短并用。

峨眉派在传承中善于吸收和融会其他门派的功法，也给其他门派输送了血液。他们在相互切磋中取长补短，不断推陈出新。隋代末年，云游到峨眉山的河南嵩山少林寺武僧云昙，就曾将少林拳法传授给了峨眉僧人。明代洪武年间，著名道士张三丰曾经到峨眉山传道，

峨眉刺

峨眉山一景

并向峨眉僧人学习了火龙拳、通臂拳等，尔后回武当山创编了内家拳。这武当内家拳"六路十段锦"的歌诀，第一句便是"佑神通臂最为高"，明白地道出了它与峨眉通臂拳的密切关系。清乾隆年间，善擒拿术的江西武术大师杜观印，来四川传授过"杜门拳"。光绪年间，广西杜林有姓周号大侠者到峨眉山与武僧共创"字门拳"。

◆ 峨眉派流派

公元前316年，秦灭蜀国，后又灭巴国，并统一了巴蜀。自此后，峨眉武术由于受到外来文化和移民等多种因素，逐渐形成了拳种繁多，颇具特色的武术体系。建国以前，峨眉派的分支，据清初《峨眉派拳术谱》上说：一树开五花，五花八叶扶，皎皎峨眉月，光辉满江湖。

青牛山风景

1. "五花"是从地域角度所分的五大支派：

（1）黄陵派，据说从陕西流入；

（2）点易派，以川东涪陵点易洞而得名；

（3）青城派，以川东道家胜地青城山得名；

（4）铁佛派（云顶派），川北较为盛行；

（5）青牛派。以川东丰都青牛山而得名。

2. "八叶"是从技击风格角度所分的八派：

（1）僧门，据说传自少林僧人，故名。又称"申门"。特点是巧、快、灵、动，如猢狲状，别名"狲门"。

（2）岳门，据说由岳飞所传，特点是矮桩，手法不划圆不成拳。

（3）赵门，据说为赵匡胤所传，借鉴少林派太祖长拳（据说也是赵匡胤所传）等拳法，特点是高桩。又因习练红拳，称为"红门"。

（4）杜门，以传说中诸葛亮八阵图之"杜门"而得名，一说拳法传于自然门杜观印。特点是封锁严密，善于防守。

（5）洪门，相传以明太祖洪武年号而得名，习练大、小洪拳，特点是刚劲。

（6）化门，又称"蚕闭门""缠闭门"，三十六闭手如春蚕吐丝，绵绵不断，紧封敌手，使其不能施展。

（7）字门，又称"智门"，因收势摆成字形而得名，特点是高桩长手，起伏大。

（8）会门，又称"慧门"，以神拳为代表，讲究观师默像，念咒语，颇为神秘。

中华武术大揭秘

知识拓展

峨眉山

　　峨眉山位于中国四川峨眉山市境内，景区面积为154平方公里，最高峰万佛顶海拔3099米。地势陡峭，风景秀丽，有"秀甲天下"之美誉。气候多样，植被丰富，共有3000多种植物，其中包括世界上稀有的树种。山路沿途有较多猴群，常结队向游人讨食，胜为峨眉一大特色。它是中国四大佛教名山之一，有寺庙约26座，重要的有八大寺庙，佛事频繁。1996年12月6日，峨眉山乐山大佛作为文化与自然双重遗产被联合国教科文组织列入世界遗产名录。

　　峨眉山与山西五台山、浙江普陀山、安徽九华山并称为中国佛教四大名山，是举世闻名的普贤菩萨道场。有山峰相对如蛾眉，故名。包括大峨眉、二峨眉、三峨眉、四峨眉。主峰3079.3米，高出成都平原2500～2600米。为褶皱断块山地，断裂处河谷深切。一线天、舍身崖等绝壁高达700～850米。山势雄伟，隘谷深幽，飞瀑如帘，云海翻涌，林木葱茏，有"峨眉天下秀"之称。山上多佛教寺庙，向来为著名游览地。

五台山

普陀山

  峨眉山在四川盆地西南部，地处长江上游，屹立于大渡河与青衣江之间，在峨眉山市西南7公里，东距乐山市37公里，是著名的佛教名山和旅游胜地，有"峨眉天下秀"之称，是一个集佛教文化与自然风光为一体的国家级山岳型风景名胜区。

  峨眉山主峰万佛顶海拔3099米。全山形势巍峨雄壮，草木植被浓郁葱茏，故有"雄秀"美称。因为高度可观、面积庞大，登山路线几近百里，对普通攀登者形成有力挑战。近年来建成了登山索道，游人已可轻松登临，去极顶俯瞰万里云海，在金顶可欣赏"日出""云海""佛光"和"圣灯"四大绝景。佛光是峨眉山最壮美的奇观。峨眉山上共有佛寺数十处，寺内珍藏有许多精美的佛教瑰宝。许多笃信佛教的老人不辞艰苦，一步一歇，历经十数日始上山顶。无数慕名猎奇的游客远涉重洋，几经周折，始满数载愿惬意离山。峨眉山优美的自然景观、良好的生态环境使它成为人们探奇揽胜、求仙修道的理想处所。

  峨眉山金顶是峨眉山的象征，峨眉十景之首"金顶祥光"则是峨眉

山精华所在，由日出、云海、佛光、圣灯四大奇观组成。

日出：在海拔3079.3米的峨眉山金顶，居高望远，日出景象更加浩瀚壮阔。黎明前地平线

峨眉山日出

上天开一线，飘起缕缕红霞，空旷的紫蓝色天幕上，一刹那间，吐出一点紫红，缓慢上升，逐渐变成小弧、半圆；颜色由桔红变成金红；然后微微一个跳跃，拖着一抹瞬息即逝的尾光，一轮圆圆的红日悬在天边。旭日东升，朝霞满天，万道金光射向大地。

佛光：天气晴朗时登上峨眉，当下方弥漫着雾气时，若有人背对着太阳，站在巍峨的金顶上，让阳光从身后射来，前下方的雾幕上，会出现一个彩虹般光环，中间浮现着他的身影，并且影随人动、形影不离，这就是所谓的"佛光"。即使有成百上千的游人同时观看，各人只看到自己的身影被光环笼罩，如此奇景，四海五洲，绝无仅有，既心感身受，又虚无缥缈，非海市蜃楼，乃人间仙境，十分神奇，非常玄妙，这种"佛光"又称"峨眉宝光"。佛光是光的一种自然现象，因阳光照射云雾表面而形成。佛光每年平均出现70余次，在下午2～4点钟出现较多。

圣灯："圣灯"又名"佛灯"，在金顶无月的黑夜，"舍身岩"下

常出现飘浮的绿色光团，从一点、两点形成千万点，似繁星闪烁跳跃，在黑暗的山谷中飘忽不定，被人们称为"万盏明灯朝普贤"。"圣灯"现象极为奇特，对此有不同解释：多数认为是山谷的磷火；另一种解释是，某些树

峨眉山云海

木上有一种密环菌，当空气达到一定湿度时便会发光。

云海：晴空万里时，白云从千山万壑中冉冉升起，苍茫的云海犹如雪白的绒毯，缓缓地铺展在地平线上，光洁厚润，无涯无边。山风乍起时，云海四处飘移，群峰众岭变成云海中的座座小岛；云海聚拢过来时，千山万壑隐藏得无影无踪。云海时开时合，恰似"山舞青蛇"，气象十分雄伟。

解剖迷雾

峨眉佛光

峨眉上的佛光是非常著名的。佛经中说，它是释迦牟尼眉宇间放射出来的光芒。在峨眉山上出现这种自然奇观，又和佛教传入山中的历史

佛　光

密切相关。自公元63年发现以来，不仅具有1900多年的悠久历史，并以世界奇观名驰中外。

　　实际上，佛光是光的自然现象，是阳光照在云雾表面所起的衍射和漫反射作用形成的。夏天和初冬的午后，摄身岩下云层中骤然幻化出一个红、橙、黄、绿、青、蓝、紫的七色光环，中央虚明如镜。直径约2米左右。有时阳光强烈，云雾浓且弥漫较宽时，则会在小佛光外面形成一个同心大半圆佛光，直径达20～80米，虽然色彩不明显，但光环却分外显现。"

　　观者背向偏西的阳光，有时会发现光环中出现自己的身影，举手投足，影皆随形，奇者，即使成千上百人同时同址观看，观者也只能只见已影，不见旁人。谭钟岳诗云："非云非雾起层空，异彩奇辉迥不同。

试向石台高处望，人人都在佛光中。"

"佛光"出现时间的长短，取决于阳光是否被云雾遮盖和云雾是否稳定，如果出现浮云蔽日或云雾流走，"佛光"即会消失。一般"佛光"出现的时间为半小时至一小时。而云雾的流动，促使佛光改变位置；阳光的强弱，使"佛光"时有时无。"佛光"彩环的大小则同水滴雾珠的大小有关：水滴越小，环越大；反之，环越小。

佛光是一种非常特殊的自然物理现象，其本质是太阳自观赏者的身后，将人影投射到观赏者面前的云彩之上，云彩中的细小冰晶与水滴形成独特的圆圈形彩虹，人影正在其中。佛光的出现无原则要阳光、地形和云海等众多自然因素的结合，只有在极少数具备了以上条件的地方才可欣赏到。峨嵋山舍身岩就是一个得天独厚的观赏场所。19世纪初，科学界便把这种难得的自然现象命名为"峨嵋宝光"。在金顶的舍身岩前，这种自然现象并非十分难得，据统计，平均每五天左右就有可能出现一次便于观赏佛光的天气条件，其时间一般在午后3：00~4：00之间。

"佛光"是一种十分普遍的自然现象，并不神秘，只要具备产生佛光的气象和地形条件，都可能产生。"佛光"在我国的峨眉山金顶最为多见，因为峨眉山的气象条件最容易产生佛光，所以气象学上索性将佛光现象称之为"峨眉光"；泰山岱顶碧霞祠一带，也经常出现佛光，当地人称为"碧霞宝光"。

随着科学的发展，人们对佛光现象的加深了解，登峨眉山、泰山、黄山等观看佛光，已不是象征神灵的福佑，而是同登山观日出一样，是

一种大自然的赐予，从中得到自然美的享受佛家认为，只有与佛有缘的人，才能看到佛光，因为佛光是从佛的眉宇间放射出的救世之光，吉祥之光。传说1600多年前，敦煌莫高窟建窟前曾闪现"金光"和"千佛"的奇异景象。那么，"金光"和"佛光"的出现，是"佛祖显灵"呢，还是一种自然现象？近日，中科院大气物理研究所正在攻读博士学位的学者赖比星撰文指出，"佛光"其实并不神秘，它只是一种特殊气候和地理环境下形成的一种光学现象。

华山派

华山派为全真道支派。尊北七真之一的郝大通为开派祖师。郝大通，字太古，号广宁子，全真教祖王重阳之弟子。卒于金崇庆元年（1212年）。元世祖至元六年（1269年），封"广宁通玄太古真人"，武宗至大三年（1310年）加封"广宁通玄妙极太古真君"。该派活动无系统记载，仅见零星记录。

清陈铭珪《长春道教源流》卷七：贝本恒，字常吉，淮阳人。年十七，礼武当袁正遇为师，后师龙门派王常月受戒律。康熙乙亥（1695年）结茅武康（浙江旧县，1958年并入德清）之高池山。乾隆乙丑（1745年），余杭人延主洞霄宫。乾隆二十三年卒。于《易》学颇有造诣，著有《周易参义》《黄老旨归》。此处谓其受龙门派王常月

洞霄宫

戒律，当为龙门派道士，但《金盖心灯》卷四《沈轻云律师传》则谓其为华山派裔，曰："贝常吉，名本恒，为华山派裔"，与龙门道士沈轻云友善，本恒有弟子李仁凝，号云峰，在沈轻云逝世后，"为封其龛，葬于大涤山之金筑坪"。卷三《樊初阳律师传》亦谓贝本恒为华山派裔，谓其又从樊太初（号初阳）学"得其宗旨"。

《金鼓洞志》中又记载有关李仁凝事迹："月峰真人者，即世所称妙衷定命真人也，姓李名仁凝，皈依常吉真人为师。隐于云窝山房，好清静，修性炼命，备尝苦楚。性喜洁，最爱花木，精修三十年。"据此，贝本恒乃华山派道士，又曾参学龙门派。他和弟子李仁凝在清康、雍、乾间活动于浙江德清、余杭一带。于此可见华山派活动之一斑。《诸真宗派总簿》第十三，记有华山派之传代派字，前四句为："至一元上道，崇教演全真，冲和德正本，仁义礼智信。"据此，贝本恒为华山派第十五代，李仁凝为十六代。

昆仑派

昆仑派本来远处西域，从来不步入中土，一直也不大为中原武林所知。后来昆仑派出了个百年不遇号称"琴剑棋"三绝的"昆仑三圣"何足道，受人所托，亲赴少林欲替人了却一桩旧事，不料因种种缘故却惹下了一桩恩怨。三个西域少林派的俗家弟子潘天耕、方天劳、卫天望闻知"昆仑三圣"名头，容不下"剑圣"二字，想逼何足道去了这个名头不可，何足道为人疏狂，颇有书呆子的痴气，便派人和这三人约好在少林寺相见，想两番功夫一次性做完，在少林留下纸笺，欲领教少林派七十二项绝技，虽最终为张君宝九阳神功所击退，但以武功一举震惊中原武林，至此昆仑派开始闻名。其后昆仑派又出了几位得力掌门，不断壮大昆仑派，使之渐渐成为江湖上一大门派，雄据西域，与中原各大门派分庭抗礼。再之后

昆仑山

的几代掌门却是传非其人，虽然昆仑派弟子众多，但武功一代不如一代。尽管如此，由于前人留下了不少武功著述，昆仑派武功仍然不敢为中原武林所轻视。

昆仑山数百里，山峦幽秀，道术之士接踵前往修炼。昆仑派以山得名，自立一派。

据传，昆仑派源于周朝武王时期。鸿钧一道传三友：既老子、元始、通天。老子（李耳）有一个弟子，元始有十二个弟子。老子、元始为昆仑派的始祖。元始的12个弟子为昆仑派的12祖。后来，昆仑派又分东西两家，均属道家。

昆仑派在东晋时期，祖师铁棱道人，下传五代：

唐代：圣天云、天风、天雷三

道人，以昆仑剑、乾元功、天罡掌为能（又称剑圣）。

宋代：王龙又叫王子，以八卦龙形剑术为能。

元代：昆仑双鹤、玄真、玄机三道人以乾元功、玉龙天罡剑掌为能。

明代：昆仑七剑，紫阳、紫霞、紫明、紫光、紫微、紫星、紫云七道人，以乾元七星玉龙天罡剑掌为能。

清代：昆仑三英，一心、正心、恢心三道人以乾元七星怪龙剑术为能。

以上五代，先后繁衍了105代弟子。

在唐、宋时期，还有古月上人看破红尘，厌倦名利，绝弃酒色，心道门，西奔回疆，在莽莽昆仑上潜心研习武术技艺和道门内功，传授的弟子则以当地回民为多。历经元、明、清各代，此拳种回流至山东、河北、四川等地。

抗战时期，泸洲市合江县李清明曾在昆明与张云楷处学得昆仑派拳术。

1947年，在四川万县的刘裕隆等在该县国术馆遇昆仑派传人刘惠元老师，并拜纳门下习昆仑派武功，颇有所得，间有所传。

四川南充地区的梁光荣（中医生）也幸得此派的乾元功和奇门卦掌等。

1. 正邪、江湖立场、背景

昆仑派自诩为名门正派，虽然远处西域，但是却野心勃勃，总想在中原武林呼风唤雨，隐隐有于少林、武当、峨眉相抗衡之意。

2. 特点

昆仑派弟子有男有女，虽然信奉道教，但主要是指利用茅山道士的法术，弟子允许婚配，不禁荤食。

昆仑派最大的特点有两个：

昆仑山一景

一是野心，二是表面上正人君子，暗地里却十分的阴险狡诈。同门之间也互不信任，相互倾轧，争权夺势。

3. 地理位置

昆仑山位于新疆、青海交界处，具有"万山之祖"的显赫地位，被誉为"中国第一神山"。

4. 升级制度

缺省为二代弟子，可拜在一代弟子或掌门人门下弟子学习基本武功和高级武功；只有得到师父的赏识，才有可能学习到昆仑派绝技武功。

5. 门规

（1）不能为恶。

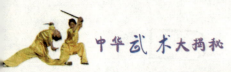

（2）不能结交邪魔歪道，不能结交仇敌。

6. 入门条件

（1）从未做过坏事，没有恶行记录

（2）无门派

（3）不是昆仑派叛徒

7. 出门条件

（1）违反门规

（2）背叛昆仑派

8. 流传区域：

万县市、南充市、泸洲市等地。

9. 成员

（1）掌门人：璇玑子

性格特点：沽名钓誉之徒，野心勃勃，表面是一谦谦君子，实际上心恨手辣，为达目的不择手段，当年使用卑鄙手段取得掌门人位置，只是由于顾忌到两位师弟的武功绝技，所以迟迟不敢对他们下手。

（2）一代弟子：掌门人的师弟

青莲子：极端自私，最大的目的是成为昆仑派掌门，为达到这个目的，不惜与玉衡子互相利用，其实各怀鬼胎。

玉衡子：猜忌心极重，不相信任何人，包括自己的弟子。玉衡子最大的目的是成为昆仑派掌门，为达到这个目的，他不惜与青莲子互相利用，其实各怀鬼胎。

叹息老人：叹息老人在厨房做杂役，又瞎又哑又丑。真实身份是昆仑派上一代的掌门，璇玑子、青莲子、玉衡子三人的师父。从前他做掌门的时候，为人冷酷，对待弟子刻薄寡恩，三个徒弟对他都十分怨恨。他不信任自己的弟子，为了保住自己掌门人的位置，牵制三个弟子的力量，他将昆仑四绝技中的三项绝技分别传给了三个弟子，却把第四项绝技留而不传，希望引起三个弟子之间的自相残杀。结果最不让他设防的表面温和儒雅的大弟子璇玑子设计使毒（从五毒教得到）暗害了他，并且夺走了第四本绝技书，这时青莲子和玉衡子赶到，基于宿怨，三个弟子一起废除了他的武功，又逼他喝下哑药、弄瞎了他的双眼，最后用药物毁坏了他的脸。事后，三人对外宣布师父已得怪病身亡，从此叹息老人在江湖上消失，所有的人都以为他已经死了。青莲子和玉衡子忌于璇玑子一人独得两项绝技，只得承认他是掌门。同时，两人联手，希望璇玑子能有所顾忌，不致于对他们下毒手，璇玑子也怕二人联手，所以三人多年来虽然各怀鬼胎，却也一直相安无事。

（3）二代弟子

童夕颜：璇玑子的女儿，昆仑派中唯一一个洁白无瑕的人，心地纯良。面对父亲、师叔和众师兄姐妹的所作所为，十分彷徨痛苦，

最后为了挽回昆仑派的名誉，规劝同门众人，毅然以身殉道。

朱缺：璇玑子的大弟子，性情冷淡，为人心机极深，嫉恨心重，如果有人得罪了他，表面上绝对不露声色，但是一旦时机成熟，他会加倍的报复你，处世哲学是"宁可我负人，不可人负我"。与邵玉飞不和，为了争夺昆仑派下一任的掌门之位，两人互相倾轧。与五毒教"毒仙子"白莹莹互相利用，狼狈为奸。

鱼素真：璇玑子的女弟子，淫邪无耻，与邵玉飞有私情，但其实同床异梦，只是为了得到对方的昆仑绝技。

邵玉飞：青莲子的大弟子，为人奸诈，淫邪无耻。与鱼素真有私情，但其实同床异梦，只为得到对方的昆仑绝技。

丘英：丘英是玉衡子的大弟子，为人极会献媚，善于见风使

舵。为了追求翠烟门的"蔷薇使者"何暮雪，丘英不惜出卖昆仑派的利益。后来，甚至成为翠烟门的奴仆。

逍遥派

逍遥派门下弟子个个不凡，人人潇洒飘逸。

◆ 主要武学

逍遥派的主要武学有北冥神功（包含化功大法）、小无相功、八荒六合唯我独尊功、天山六阳掌、天山折梅手、凌波微步、传音搜魂大法、白虹掌力、不老长春功、生死符、葵花宝典等。

◆ 主要武功

逍摇派的主要武功有：北冥神功、八荒六合唯我独尊功、小无相功、天山六阳掌、天山折梅手、逍遥龟息功、寒袖拂穴、五斗米神功、白虹掌、周公剑、传音搜魂大法、凌波微步、月影舞步、采燕功、凭虚临风等。

（1）拳掌剑：天山折梅手、天山六阳掌、白虹掌

（2）内功：北冥神功、小无相功、大无相功、八荒六合唯我独尊功、独尊纯阳诀、葵花宝典

（3）轻功：凌波微步

（4）宝物：掌门七宝指环、逍

遥心法逍遥掌法逍遥身法七星阵

◆ 创始人及传人

逍遥派已知第一代掌门：逍遥子

逍遥派已知第一代弟子：天山童姥、无崖子、李秋水、齐御风

逍遥派已知第二代掌门：无崖子

逍遥派已知第二代弟子：苏星河、丁春秋（后被逐出师门）、段誉（曾在琅嬛石窟拜李秋水的石像为师，或说拜李秋水为师也不为过，且他亦已学了逍遥派的武学，如凌波微步，北冥神功等，亦可算是逍遥派的一分子，身份为虚竹之师兄）、虚竹

逍遥派已知第三代掌门：虚竹

逍遥派已知第三代弟子：康广陵、范百龄、薛慕华、吴领军、冯阿三、苟读、李傀儡、石清露

青城派

青城派发源于中国道教发祥地，中国历史文化名城，国家5A级风景区，世界文化遗产中国四川省都江堰市青城山。相传起始于青城丈人，又有李八百等人习传之。青城丹法的"无为"修持集中体现在历代的口诀上，即"守无致虚"。其中分三个层次：初步入手功夫为"守中致和"；第二步为"了一化万"，第三步为"万化归一，一归虚无"。然而其"诀中诀"久已不传，故修持者通常难以把握见验。

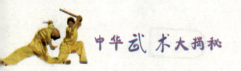

青城派是中国武术著名流派，有近2000年的历史，历代高手辈出，仅在清代就出了111个武举人。

◆ 青城派三大支系

青城派分三大支系，道家武术讲轻灵飘逸，舒展大方，佛家讲小手连环，轻步行走，侠家讲擅长在高低不平的地方作战，总体来说，都受青城山道教文化影响很深，擅吐纳养生，重实战搏击，步型，身法，手法奇特，与国家竞技武术区别很大，被联合国确定为青城山道教文化的重要组成部分。青城派目前载体有青城武术馆，国际道家功夫联盟网，青城武术文化研究会。

◆ 青城派功法

青城功法虽采南派阴阳双修法，但仅限于上乘双修法，即男不宽衣，女不解带，"千里神交，万里心通"。

相传青城丈人说："采补之道，非房中采阴补阳之事。而系采天地之气以补我之气，

采天地之精以补我之精，采天地之神以补我之神。因天地之化，以造我之化；因天地之命，以续我之命；天地之气不息，则我之气不息矣；天地之化不止，则我之化不止矣；天地之命不坏，则我命亦不不坏矣。因天地之生生不已以成我之生生不已；则天地之命常新，而我之亦常新矣。"（引自萧天石《道家养生学概要》）这种双修法实际上是心交形不交，情交貌不交，气交身不交，神交体不交。因而青城派之双修法可称为"清修中主双修者"。据萧天石介绍，《青城秘录》中对阴阳逆用法、乾坤返还法、大灌顶法、小灌顶法、阖辟天机法、钩提秘术、铸剑九法、三温鼎法、九温鼎法、采摄秘要、火候详指、炼药九诀、龙虎丹法别

传、出神还虚指等均有详实阐释， 尤其对女子修炼法有详尽论述。

知识拓展

武侠小说中的青城派

1.《天龙八部》中的青城派

代表人物：司马卫，司马林，诸保昆，司马林的姜师叔、孟师叔武功：'青'字九打，'城'字十八破

2.《笑傲江湖》中的青城派

代表人物：长青子，余沧海，侯人英、洪人雄、于人豪、罗人杰、贾人达，方人智

武功：摧心掌、松风剑法、无影幻脚

3.《书剑恩仇录》中的青城派

代表人物：慧侣道人以及他的徒弟西川双侠

武功：黑沙掌。慧侣道人一死，黑沙掌的功夫，江湖上多半没人在黑白无常二人之上。

全真派

全真派为道教教派，也称全真道，金初创立。因创始人王重阳在山东宁海（今山东牟平）自题所居庵为全真堂，凡入道者皆称全真道士而得名。该派汲取儒、释部分思想，声称三教同流，主张三教合一。以《道德经》《般若波罗蜜多心经》《孝经》为主要经典，教人"孝谨纯一"和"正心诚意，少思寡欲"。

全真道认为清静无为乃修道之本，除情去欲，心地清静，才能返朴存真，识心见性。该派注重修炼"性命"，认为"性者神也，命者气也""气神相结，谓之神仙"。主张修道者必须出家，并

忍耻含垢，苦己利人，戒杀戒色，节饮食，少睡眠。《金莲正宗记》称该教"以柔弱谦下为表，以清静虚无为内，以九还七返（按指炼内丹——引者）为实，以千变万化为权"。王重阳死后，其弟子马钰等七人分别在陕西、河南、河北、山东等地继续传道，创遇仙、南无、随山、龙门、嵛山、华山、清静七派（见北七真），但教旨和修炼方式，大致相似。

元太祖十五至十八年（1220—1223年）间，丘处机应诏赴西域大雪山谒见元太祖，受到礼遇，命其掌管道教，在各地大建宫观，全真道进入全盛时期。在发展中，因不

断侵占佛教寺院，宣传"老子化胡"之说，引起僧人不满，而导致元宪宗八年（1258年）的僧道大辩论。结果全真道失败。宪宗诏令全真道归还侵占的寺院200余处，又令道士落发，焚毁《老子化胡经》及其雕版。元世祖至元十八年（1281年），僧道再次进行辩论，全真道又以失败告终，诏令除《道德经》外，其他道经尽行焚毁，全真道遭到沉重打击。元成宗时，禁令渐松，全真道又见恢复。明代朝廷重视正一道，全真道相对削弱。入清以后更为衰落。

全真教是后期道教最大的派别之一，元代以来与正一派一起延续至今。全真教三教合一的思想非常鲜明，这是其重要的特征之一。全

真教仿效佛教禅宗，不立文字，在修行方法上注重内丹修炼，反对符

元太祖成吉思汗

箓与黄白之术，以修真养性为正道，以识心见性、除情去欲、忍耻含垢、苦己利人为宗。全真教规定道士必须出家住道观，不得蓄妻室，并制定了严格的清规戒律，这一点和正一道很不相同。

全真道是中国道教后期的两大

派别之一。创建于金初，后再与其他丹鼎小派合并而成。大派一直流传至今。

全真派的创始人王嚞（1112—1170年），原名中孚，字允卿。入道后，改名嚞，字知明，号重阳子。陕西咸阳人。金正隆四年（1159年），声称于甘河镇遇仙，改儒为道。曾居终南山修道。金世宗大定七年（1167年）去山东传教，先后在文登、宁海、福山、登州、莱州等地建立三教七宝会、三教金莲会、三教三光会、三教玉华会、三教平等会，传道说法。在这期间，先后收马钰、谭处端、刘处玄、丘处机、王处一、郝大通、孙不二等七人为徒，创立全真派。

王重阳的修炼地

王重阳

　　王重阳是中国道教分支全真道的始创人，后被尊为道教的北五祖之一。他有七位出名的弟子，在道教历史上称为北七真。王重阳揉合儒家和道、释的思想，主张三教合一。声称"儒门释户道相通，三教从来一祖风"。认为"人心常许依清静，便是修行真捷径"。著作有传道诗词约千余首，另有《重阳立教十五论》《重阳教化集》《分梨十化集》等，均收入《正统道藏》。

　　王重阳是陕西咸阳人。累世为地方大族。早年为儒生，善属文兼擅骑射。金天眷初年应武选，中甲科，任气好侠，不治家业。相传48岁时于甘河镇遇仙，得修炼真诀，悟道出家，曾在终南山筑墓穴居，自称居处为"活死人墓"。金大定七年（1167年）抵山东，先后在文登、宁海、福山、登州（今蓬莱）、莱州（今掖县）建立三教七宝会、三教金莲会、三教三光会、三教玉华会、三教平等会，传道说法。收马钰、谭处端、刘处玄、邱处机、王处一、郝大通、孙不二等七人为徒。大定九年十月，与弟子马钰、谭处端、刘处玄、邱处机四人西归，次年一月殁于大梁（今河南开封）。葬终南刘蒋村故庵（今陕西户县祖庵镇）。金章宗赐庵名为灵虚观。元太宗加封为重阳万寿宫。全真道尊为祖庵或祖庭。元世祖至元六年（1269年）封为重阳全真开化真君；至大三年（1310年）又加封为重阳全真

终南山一景

开化辅极帝君。全真道尊为北五祖之一。

祖庵镇一景

王重阳糅合儒家和道、释的思想，主张三教平等、三教合一。声称"儒门释户道相通，三教从来一祖风"。以《道德经》《般若波罗蜜多心经》《孝经》为全真道徒必修的经典。他不尚符箓，不事黄白，也不信白日飞升之说。认为修道的根本在于修心，务必除情去欲，达到心地清静，则身在凡尘而心已在圣境；即"人心常许依清静，便是修行真捷径"。

传统道教自南北朝寇谦之、陆修静改革、整顿后，历隋唐五代宋的漫长岁月，尤其到北宋末年，已呈现不景气趋势。以符箓派为主流的道教，支派争流，一些道流徇末遗本，出现一些流弊，引起社会一些不好的舆论。作为有识之道教知识分子，不能不思其改革。

姬志真在《重阳祖师开道碑》中说："原夫至道出自先天，太上卓尔立其宗，累圣袭而张其后，灵源妙本，既发而不蒙，出棫玄关，大开而弗

《般若波罗蜜多心经》

闭。从兹设教，代不乏人。然而顺世污隆，乘时步骤，去圣愈远，灵光不属。波澜既荡，异派争流，枝叶方联而纷华竞生。散无名之大朴，遗罔象之玄珠，忘本迷源，随声逐色。正涂壅底，道间荒凉。由是圣人复起，究天元一气之初，洪造更新，应历数万灵之会，天挺神授而力拯颓网，祖建

宗承而载维新纽、弃华撷实，授溺录迷。革弊鼎新而玄关复启焉。重阳祖师乃其人也……"

王重阳是接受这一派的思想，以新的宗旨、修持方法对旧道教进行了大量的改革，进一步把老庄清静无为的思想贯彻到教义中。王重阳以《道德经》则尊道，主张无心忘言，柔弱清静。正心诚意，少思寡欲。注重修行，分为真功和真行。真功即内修，其修持大略以识心见性，除情去欲，忍耻含垢，苦己利人为宗。全真因内修"求返其真"，主张功行双全，以期成仙证真，所以叫"全真"。这种内修主要是修养精神，即性，也称为性功，全真教既修性，也修命。真行即外修，主张济世度人。

王重阳是道教重要派别全真教的创始人，出生于宋徽宗政和二年（1112年）。据说因为他喜欢陶渊明，便改名知明，又因与陶渊明一样喜爱菊花，而菊花在重阳节开放，便给自己起了个号叫重阳子。王重阳出身于一个"家业丰厚"的富裕家庭。他的一生正值北宋沦亡，金人入侵，民族灾难深

陶渊明画像

重的时代。青年时代，他"痛祖国之沦亡，悯民族之不振"，曾于金熙宗天眷年间应过文、武试，得中文、武双举人，有志于拯救民族危难。但由于南宋政权孱弱，舍弃广大北方人民不顾，苟且偷安，王重阳的抱负没有能够施展。抗金失败后，王重阳掘地穴居，称之"活死人墓"，以方牌挂其上，书云：王害疯（王自称疯子）灵位。七年后，王重阳走出活死人墓，开始以另一种方式实现自己的理想。

崆峒派

崆峒向来是天下闻名的道教圣地，传说中的仙境。几十年前，一位牧童在山中遇仙，学到了世间难以想象的奇妙武术。后来这牧童便创立了崆峒派。这个牧童即是崆峒派开山祖师木灵子，传说木灵子的武功已经达到了出神入化的地步，是以近年来崆峒派势力日益鼎盛，颇有与少林等名门大派抗争的实力。木灵子更以一身惊世骇俗的七伤拳闻名于天下。木灵子为人最是嫉恶如仇，年轻时就在江湖中行侠仗义，凭着那手独步天下的七伤拳，铲除了很多恶人，又挽救了很多无辜。见到有人作恶事，定会严加惩戒，对本门弟子更是责之甚苛。崆峒的大师兄陈汉京立身极为严谨，因此颇得垂青，据说已经获得了木灵子的三成真传。

崆峒武术创始于崆峒山，是道教文化的组成部分，与少林、武当、峨眉、昆仑并称为我国著名五

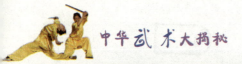

崆峒山风景

大武术流派。始祖是飞虹子，早年在少年寺学艺，后隐居崆峒山习道研艺。崆峒派武术吸收了少林、峨眉、武当武术的精华，在其手法、套路、技击功夫上成为一体，讲究实打、实拿、以技击强身健体和增加功力为目的。崆峒派武术特点是"奇兵"（兵器），它不属于十八般兵器。形式各种各样，小巧玲珑，携带方便，不易被对方发现，交手中往往能出奇致胜。

崆峒派武术共有八大门内容，按初级到高级程度分：飞龙门、追魂门、夺命门、醉门、神拳门、花架门、奇兵门和玄空门。每门都有十五套东西。飞龙门是崆峒派武术的初级门、这一门里包括飞龙拳、飞龙掌、飞龙刀、飞龙枪、飞龙剑、飞龙棍、飞龙铲、飞龙双钩、飞龙双鞭等。在此基础上，追魂门、夺命、醉门、神拳门都有拳、掌、刀、枪、剑、棍、铲、双钩、双鞭等功夫逐一提高变化，增强了难度和攻击性。

追魂门在飞龙门的基本套路和动作上加强了追击性，攻击时招式多变，招招紧逼，连绵不断，有排山倒海之势。其各路名称亦由飞龙门中的"飞龙"变成"追魂"称谓。即：追魂拳、追魂掌、追魂刀、追魂枪、追魂剑、追魂棍、追魂铲、追魂双钩、追魂双鞭等。

夺命门是在追魂门的基础上又上了一层，其特点是猛烈，招招致命，绝招频出，不留活路，因此，夺命门各路均以"夺命"冠名，如夺命拳、夺命掌、夺命剑、夺命棍等十几个套路。

醉门是在夺命的基础上更上一层楼，主要强调动作中的跃、翻、仆、腾、宕等功夫。醉门有分文武两类，称文八仙和武八仙。文八仙重醉态的表现，没有跌仆动作，武八仙带跃、带宕、跌仆腾跳都有。醉门中的套路因此多出十几个套路，如文醉拳、武醉拳；文醉剑、武醉剑等，都是文、武个一套、拳、掌、刀、枪、剑、棍、铲、钩、鞭齐备。

神拳门是崆峒派武术中的最高武功。所谓神拳，即花拳绣腿。这种花拳绣腿不是通常所说表演的那种"花拳绣腿"。这拳打不实，用意而不用力，如游龙一般，是崆峒派拳术中登峰造极的功夫。此门中同样有拳、掌、刀、枪、剑、棍、铲、钩、鞭等十几种套路。

花架门是在神拳门的基础上脱颖而出，结合敦煌画上的飞天造型而创立的一门集攻击与欣赏为一体的上乘功法，其造型优美，攻击巧妙，尤适于女性习练，花架门中有出水芙蓉香飘宇庭、笑傲乾坤风流扇、桃花扇、花架拳、花架枪、花架剑十几套套路。

奇兵门是崆峒派武术最具特色的一门，其特点在于所用兵器短小及排兵布阵以阵法，其中兵器有风火五行轮、风火扇、挎虎篮、飞爪、佛尘、九齿铁耙、连枷、铁琵琶、分水娥媚刺、翻天印、太统法铃等。阵法有太极阵、八卦阵、十二生肖阵、二十四天魔阵、三十六游龙阵、四十八降妖阵、六十四卦齐天阵、八十一通天奇门遁甲阵、七星回天阵、二十八宿造天阵、十套阵法等。

玄空门是崆峒派秘传之宝，多以历代掌派独修之法。其内容有燕式古太极

八法，无相神功，达摩神功，以此修炼内功；以针灸，中药、易经、气功结合而成的疗病方法《易通疗法》，是崆峒山镇山之宝，其中针灸取用《灵龟法法》《子午流注》之时辰、穴位、脉络，借以《易经》之卦相推断，配合气功引导助力，在用几尾中草药服用，达到疗病奇效；以藏传佛教密宗之咒语，手印为主的修心之法，历来为

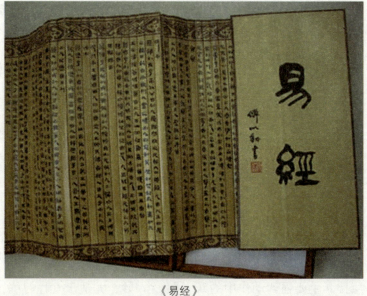

《易经》

崆峒派所重视，是达到天人合一境界的必修法宝。此法以《金刚七

句》《一切如来陀罗心秘密咒》及《莲花生大师咒》为主课，每咒以八十万遍为阶梯，直至心空如宙，体同大宇为止。达到大智大勇，大慈大悲，大彻大悟，大雄大力的佛之境界；在做人处世上讲求儒家仁、义、礼、智、信五大法度。在修性上以道家所精释的道法自然，空同如如要述，达到无我无相，无执无着的境界，玄空而玄空，意空而识空，乃至真空，方显神通，为苍生服务。当代传承近乎断层，又称燕式太极门。

解读名人

飞虹子的传说

乾隆年间，崆峒山来了一位武僧，叫飞虹子。飞虹子曾在少林寺拜达摩为师，学少林母拳，一天，他坐地悟佛，刚一闭眼，只见一座山，无比雄伟，无比秀丽，无比险峻。山上有九个武僧，个个身怀绝技，轮流给一个人献艺，一看，这个人竟是他自己，惊喜中从悟境中走出来，飞虹子本来天资聪敏，加上受佛度化，他马上悟出了这是佛指出了他的去处，他的未来。可他不知道悟境中的山在什么地方，叫什么名。第二天辞别了达摩，离开了少林寺，独身去寻悟境中的山。天下的山太多，他下定决心，一座一座地寻，寻了八年后，来到崆峒山远远地一看，惊喜异常，大叫：

"是这山！是这山！"

飞虹子在崆峒山隐居了八年，悟创出了"青英剑"，此剑法神出鬼没，变化无穷。练出天下独绝的"青英剑"干什么？不是自己给自己表演，然后自己给自己鼓掌，他心里已经装下了一个宏伟的打算，腰挎一柄剑下了山。他与一个个武林高手交锋，一时间，青英剑舞得武林大波小澜，舞得你也拜师他也为徒。当飞虹子回崆峒山时，屁股后面跟了一大群弟子。

飞虹子要创立一个武派，叫什么名字呢？弟子说："师父的青英剑是武林一绝，叫青英剑派，武林谁敢不承认。"飞虹子说："站在山顶只看到脚下，那肯定是眼睛出毛病了，我创武派，不是为了只在武林圈子里争一杆旗，而是要叫天下人都知道，我是佛指引到这座山上来的，这个武派名就叫崆峒派。崆峒派不光是剑术，既要有十八般兵器术，还要有小巧奇特的兵器术；既要有独到的内功章法，又要有独到的外功套路。神已告诉我，这个武派最少有九代传人，我是第一代掌派人。"

崆峒派武术的功分为内功、外功，内功以意念控制气，意指而后气动，气到而后劲到。以静制动，功到气便入骨，意气相互增长，内功算是入了道。

外功主要练力，又有软功和硬功之分。软功功深，练出此功的人，人若打他，就像拳头落在棉絮上一样，里不伤外不损；他若打人，拳还没落到对方身上，对方就已倒地，而且皮毛未伤未损，身子里面已经落了内伤，因这招太狠毒，故称"阴功"。飞虹子明确指示，非不到万不得已，决不准用此功。飞行功、贴墙功、轻功等都属于软功。金种罩、蛤蟆功、仙人掌、铁臂功等属于硬功。

飞虹子在十八般兵器之外发明了一些特殊的兵器，叫"奇兵"。这些兵器实际上都是些暗器，小巧玲珑，携带方便，不易被发现，交手中往往能出奇致胜。

崆峒派武术的习练分五大门，从初级到高级依次为飞龙门、追魂门、夺命门、醉门、神拳门，每门有十五套左右拳术和器械套路，包括马上刀枪、步下拳术，每门套路都配有几样暗器。飞虹子在少林寺时学得了一套先天十八罗汉手，他把这套拳路做为崆峒派武术的入门功，传授给弟子。

飞龙门是初级门，套路有飞龙拳、飞龙掌、飞龙刀、飞龙枪、飞龙剑、飞龙棍、飞龙铲、飞龙双钩、飞龙双鞭等。暗器有风火五行轮、风火扇等。

追魂门和夺命门与飞龙门内容基本相似，只是要求上技高一筹。也就是武术的精度上上了档次。追魂门的暗器有铁琵琶和分水峨眉刺。夺命门的暗器有飞爪等。

醉门是崆峒派武术功夫较深的一门，大多属独创的绝技，如醉剑，主要拳套是"醉八仙"，堪称拳中之绝。

神门拳是崆峒派武术最高武功，交手时用的是意念而不是力气，属出神入化，登峰造极的功夫。

飞虹子创立了崆峒派武术，为第一代掌派人。第二代掌派人是飞飞子。第三代是云离子，号飞天绥。第四代黄衫客，号飞云子。第五代眉姑，

是崆峒派武术唯一的女掌派人。眉姑曾在四川峨眉山带发修行，习练峨眉武术，崆峒派武术中的铁扇、拂尘等器械由她传入。第六代曲一洪，号飞尘子。第七代陆尘子，号飞远。第八代袁一飞。第九代胡惠民。第十代燕飞霞。这九代掌派人也许就是飞虹子悟境中的那九个武僧，人数对上了，飞虹子唯一疏忽的是梦中没有看清，悟境中的九个人中还有一个是女的。